또 올게요, 오래가게
OLD SHOPS: a Piece of History

오래가게

흔히 대를 이어 운영하며 고유의 정서와 전통이 있는 가게를 가리켜 노포老鋪라고 합니다. 직관적으로는 '한자리를 오래 지켜오며 맛있다고 소문이 난 음식점'이 떠오릅니다. 그래서 고민이 생겼습니다. 음식점뿐만 아니라 우리가 살아가는 데 필요한 것들을 만들고 파는 다양한 표정의 가게들을 소개하는 이 책에 노포라는 이름이 어울릴까 하고 말입니다. 고민을 하던 차에 서울시의 '오래가게' 프로젝트를 알게 되었습니다. 일본식 한자어 표기인 노포를 대신해 '오래된 가게가 더욱 오래가기를 바란다'라는 뜻을 담아 오래가게라 새로 이름 짓고, 서울에서 30년 넘게 또는 2대 이상 대를 이어 운영하거나 무형문화재 등 명인과 장인이 기술과 가치를 이어가고 있는 매력적인 가게를 발굴하는 프로젝트입니다. 2021년 7월 기준 105곳이 서울 오래가게로 선정되었습니다. 이 책에 소개하고 있는 스물네 곳의 가게 중에서는 '포린북스토어'가 2018년 서울 오래가게로 선정되었습니다. 서울에서 시작하여 현재까지는 서울 소재 가게에 한정하고 있지만 더 많은 전국의 오래된 가게들이 함께 사랑받고 알려지길 바라는 마음을 확인하고, 이 책의 제목에 '오래가게' 명칭 사용을 협의하였습니다.

또 올게요, 오래가게

기꺼이 단골이 되고 싶은 다정하고 주름진 노포 이야기

글 서진영 · 그림 루시드로잉

arte

일러두기

- 가게를 꾸려나가고 있는 대표자의 호칭은 가게에 맞게, 상황에 맞게 설정하였습니다. 각 가게 특유의 질서와 고유한 분위기에 따라 가게의 모습이 조금 더 살갑게 느껴지면 좋겠습니다.

- 사업자등록 제도가 체계화되기 전에 개점한 가게는 실제 개점일과 사업자등록 상의 영업 시작일이 다른 경우가 있습니다. 이 경우 사업자등록 정보와 관계없이 실제 개점일을 기준으로 개점 연도를 기재하였습니다.

- 지역과 업종의 변화는 인터뷰에 응해주신 오래된 가게의 대표님, 사장님, 주인어른께 여쭈어 들은 내용을 바탕으로 하되 네이버 뉴스 라이브러리(newslibrary.naver.com)를 비롯한 뉴스 검색을 통해 객관적인 내용을 파악하려고 노력하였습니다.

- 수록한 그림에 대한 설명은 작품명, 작품 크기, 제작 도구, 제작 연도 순서입니다.

- 이 책에 명시한 정보는 출간 시점을 기준으로 작성한 것입니다. 시간이 흘러 운영의 여부와 형태는 가게의 사정에 따라 변동될 수 있습니다.

차례

1장

맛있는 집을 넘어 멋있는 집으로

2장

내가 만든 것으로 손해 보는 일 없도록

3장

오가는 이웃들을 위해 오늘도 문 열었습니다

4장

그저 마음 한쪽을 쉬게 하는 곳이었으면

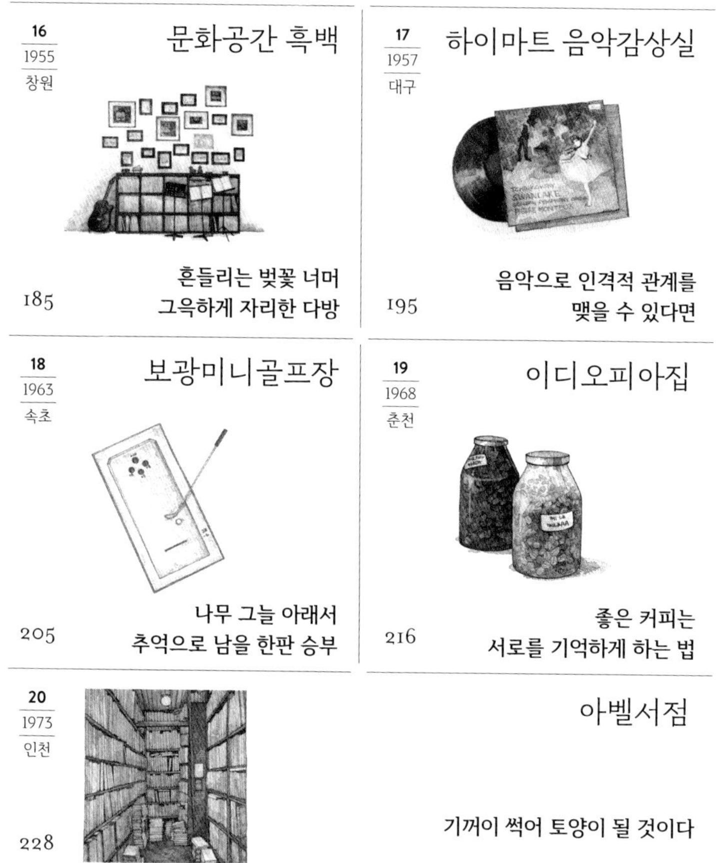

5장

시대에 맞게 잘 살았지요

1장

맛있는 집을 넘어 멋있는 집으로

○ ● ○ ○ ○ ○ ○ ○ ○ + +
1915

SINCE 1915

WHERE 경남 진주시 촉석로207번길 3

01 꽃처럼 곱게 담아내는 진양 정씨 일가의 진주비빔밥

천황식당

비빔밥 이야기를 꺼내면 누군가는 커다란 양푼에다 있는 반찬 양껏 넣고 고추장 슥슥 비벼 여럿이 머리 맞대고 숟가락질하는 풍경을 떠올릴 테고, 누군가는 갖가지 재료를 정성 들여 손질해 정갈하게 담아낸 한 그릇에 침을 꼴깍일지도 모르겠다. 재료나 조리법에 따라 선호하는 비빔밥이 나뉘기도 한다. 회비빔밥이 맛있다 하는 사람이 있는가 하면, 산채비빔밥이 제일이라는 사람도 있고, 지글지글 소리를 내며 다 먹을 때까지 뜨뜻한 기운이

남는 돌솥비빔밥이 좋다는 사람도 있다. 좋고 싫은 정도야 제각각이겠지만 한식을 이야기할 때 빼놓을 수 없는 음식 가운데 비빔밥이 상당한 지분을 차지한다. 우리나라 국적기 기내식의 대명사이자 외국인이 좋아하는 한국 음식 등 우리나라를 대표하는 일품요리로 수위에 꼽히는 음식이 바로 비빔밥이다.

어떤 재료를 어떻게 조리해서 얼마만큼 넣어야 한다고 딱 정해진 것은 없다. 말 그대로 뭐든 밥에다 넣고 '비비면' 비빔밥인 것을. 그럼에도 지역마다 향토색 짙은 비빔밥이 있고, 그것을 맛깔나게 차려내는 오래된 가게가 있다. 천황식당은 진주 사람이라면 모르기가 쉽지 않은 비빔밥집이다. 소문을 듣고 멀리서 일부러 찾아오는 경우도 있으니 진주에 갈 일이 있어 '이왕이면 맛 좋은 것 먹자' 하고 찾아보는 경우라면 우선순위에 놓을 집이기도 하다. 천황식당에서는 그 담음새가 꽃처럼 아름답다 하여 화반花飯이라고도 부르는 진주비빔밥을 차려내고 있다.

나무전 어름에서 땔나무도 맡아주고 시장기도 덜어준 대방네

일제강점이 시작되고 몇 년이 흘렀을까. 나라는 어지러웠지만 커가는 자식들을 학교에 보낼 생각에 진주 남강변에서 농사를 짓던 진양 정씨 일가의 정염, 강문숙 부부는 땅을 조금씩 정리하고 저자에다 집을 지었다. 5일마다 열리는 진주장에서도 땔나무를 파는 이들이 늘어서는 '나무전廛' 거리 앞이었다. 처음부터 식당을 하려고 한 건 아니었다. 자식도 많고, 집안일 봐주는 사람에 객식구까지 집안이 늘 북적였으니 사람들이 '대방네'라고 부르던 강문숙은 손 크게 음식을 차려야 했다.

"나무꾼들이 나무가 다 안 팔리면 그걸 저희 집에 맡겨놓고 다음에 찾아가기도 하고, 장이 파하곤 배가 고프니 밥 한 그릇 얻어먹고 나무로 밥값을 대신하기도 했대요. 강문숙 할머니께서 워낙에 솜씨가 좋으셨다고 해요. 그러면서 음식을 팔게 됐는데 처음에는 국밥도 팔고 냉면도 팔았다고 하시더라고요. 1915년부터요."

진주비빔밥을 두고는 여러 유래가 거론된다. 임진왜란 당시 진주성에서 큰 전투가 있었으니 그때 병사들을 위한 간편하고도 든든한 한 그릇 음식으로 고안되었다는 이야기도 있고, 진주에서 꽃핀 교방敎坊 문화에서 파생되었다고 보는 시각도 있다. 전쟁 식량과 양반네가 즐긴 교방 음식 사이에 간극이 크다. 오히려 헛제삿밥 유래설이 더 설득력 있어 보인다.

헛제삿밥은 안동이 유명하지만 안동 외에 유교 문화가 활성화된 경상도 일대에는 헛제삿밥 문화가 두루 발달했다. 대구와 진주에서도 익숙한 풍습이다. 대개 제사를 지낸 후에 남은 음식을 한 그릇에 넣고 비벼 먹었는데 그 맛이 일품이라 제사가 없

飮食店
RESTAURANT
천황식당

〈우리 동네 오랜 맛집〉, 430x320mm, pen on paper, 2021

는 날에도 제사 음식을 장만해 즐긴 것이 바로 헛제삿밥이다. 우리나라에서 경주 다음으로 진주를 본관으로 하는 성씨가 많은데, 이는 예부터 일가를 이룰 만큼 빼어난 인물이 많았다는 뜻이다. 1925년 경상남도 도청소재지가 진주에서 부산으로 이전되면서 기세가 예전만 못하다 하지만 진주는 분명 풍류의 고을이었고, 그 풍류 중에 헛제삿밥 문화도 있었음을 충분히 짐작해볼 수 있다.

그러니까 진주에서 오래 명맥을 이어온 제삿밥 풍습이 일상의 식문화로 이어졌고, 여기에 진주의 제철 음식과 교방 문화까지 더해져 오늘날 진주비빔밥으로 고유한 특징을 내게 되었다고 보는 것이 가장 설득력 있지 않을까 싶다. 천황식당에서도 "향토 음식으로서의 진주비빔밥을 저희 집안 스타일대로 차리고 있어요."라고 했다. 무엇이 시초고 어느 것이 원조고 간에 우리 집이 최고다 하지 않는 모습이 인상적이었다.

쏙대기를 넣고 보탕을 곁들여야 비로소 진주비빔밥

대방네 증손녀 정순인이 조곤조곤 이 집의 내력을 일러주는데 이야기는 한국전쟁으로 거슬러 올라간다. 전쟁이 나고 피란을 다녀오니 집은 폭격을 맞았는지 폐허가 되다시피 했다. 그 자리에 대방네 아들 정봉문이 다시 집을 짓고, 그의 아내 오봉순

이 시어머니의 솜씨를 이었다. 지금의 천황식당 간판도 그때 새로 단 것이다. 이름 때문에 종종 오해가 생기는데 천황식당의 천황은 하늘 천天, 봉황 황凰 자를 쓴다. 봉황은 예부터 진주 지역을 상징하는 영물로 이곳에는 유독 봉황과 관련된 지명이 많다. 일본 천황과는 전혀 관계가 없다는 말이다. 건물에서 왜색이 느껴진다 하여 이따금 적산敵産인가 궁금해하는 손님도 있는데 당시 시대 상황에 영향을 받았을 뿐 적산이 아니다.

식당은 정봉문, 오봉순 부부의 아들 정영한과 며느리 김정희가 물려받았다. 그간엔 안주인들의 역할이 컸다면 3대에 와서는 조리사였던 정영한의 역할이 컸다. 아내 김정희는 묵묵히 손발을 맞추었다. 가게에 애정이 많았던 정영한은 오래전부터 딸에게 식당 일을 이어가 달라고 부탁했다. 그렇지만 이 집에 살면서 이 집 음식을 먹고 자랐어도 식당을 운영하는 건 또 다른 이야기다.

천황식당 4대 대표 정순인이 아버지의 당부를 수락할 수 있었던 데엔 남편 김대열의 양보가 있었다. 전혀 다른 공부를 하고 다른 일을 해온 두 사람이지만 가게 문을 닫는 것도, 누군가에게 넘기는 것도 좀처럼 내키지 않았다. 두 사람은 2016년 결혼 후 공부부터 시작했다. 부부는 한식, 일식, 양식, 중식까지 조리사 자격증을 네 개씩 땄다. 식당 운영에 조리사 자격증이 꼭 필요한 것은 아니지만 음식의 기본을 이해하는 데 필요한 일이라 생각했다. 서울 생활을 정리하고 진주로 내려온 것은 2018년, 그때부터 가게 주방에 들어가 본격적으로 집안 솜씨를 익혀나갔다.

"저희 집에서는 밥을 고슬하게 지어 그릇에 담고 그 위에 보탕을 한 숟가락 끼얹어요. 그러고는 미리 준비한 각종 나물과 육회를 고명으로 올리고 양념장을 얹습니다. 보탕은 탕국과 맛이 비슷한데 건홍합, 건문어, 소고기 등을 잘게 다져서 뭉근하게 끓인 탕입니다. 진주가 남해와 가까워서 해산물을 사용해 감칠맛을 내는 솜씨가 좋아요."

나물은 볶지 않고 삶아서 양념하는데 소금 간을 하지 않고 집에서 담은 간장을 쓴다. 비빔밥에 올라가는 나물 가짓수나 색깔이 정해져 있는 것은 아니다. 그저 제철에 나는 좋은 것을 쓴다. 다만 밥을 비비기에도 좋고 입에 넣었을 때 걸리는 것 없이 편하게 먹을 수 있도록 나물을 손가락 한두 마디 길이로 짧게 자른다. 이때 반드시 쏙대기를 함께 올린다. 돌김을 성기게 떠서 만든 김인데 부추를 같이 데쳐 넣고 잘 무치면 맛도 식감도 확 살아난다.

상을 낼 때는 진주비빔밥에 맑은 선짓국을 곁들인다. 진주는 우시장은 물론이고 백정 마을이 따로 있었을 만큼 가축 거래와 소비가 많았던 지역이니 그 영향을 받은 것이라 짐작된다. 도축을 할 때면 소 피도 받았는데, 정순인은 소 피가 따뜻할 때 소피 받은 통을 품에 안고 오는 아저씨들이 있었다고 옛 기억을 떠올렸다. 그 소 피를 끓는 물에 넣어 묵처럼 만들면 선지가 된다. 불 조절을 잘해야 구멍도 안 생기고 탱글탱글하게 덩어리지는데 요즘도 매주 월요일과 목요일에 직접 선지를 만든다. 천황식당에서는 이 선지에 양이나 노랑방울 같은 부속을 더해 맑은 선짓국을 끓여낸다.

마당에 줄 세워 겉말리고 있는 메주가 알싸한 겨울 공기를 누그러트리는데, 김장 800포기를 마치고 장 담그기가 한창이라고 했다. 정순인이 아버지 정영한에게 배운 것이다. 간장, 된장, 고추장 그리고 김치까지 모두 직접 담근다. 특히 장류는 제조법을 그대로 지켜야 같은 맛이 난다. 저장 방식 역시 대를 이어온 그대로 장독에 보관한다. 성능 좋은 김치냉장고가 있다지만 아직까지는 쉽게 변화를 꾀할 수가 없다. 자칫 맛이 달라질 수 있기 때문이다. 맛이 있고 없고는 상대적이다. 중요한 것은 고유의 맛이다. 지켜야 하는 맛이 있다는 말이다.

내일을 준비하는 백년식당

정순인은 음식 일 자체는 힘든 줄 모르고 해왔다고 했다. 더 어렵고 힘든 일은 생각지도 못한 데 있었다. 어른들이 평생 가게를 운영해온 방식이 있는데 요즘 관점에서 좀 바꿨으면 할 때가 있다. 그럴 때면 긴장하지 않을 수 없다.

"일례로 저는 플라스틱 용기에 거친 수세미를 쓰지 않아요. 건강에 영향을 미치는 환경적 요인에 예민한 시대죠. 표면이 긁히면 알게 모르게 음식물이 끼게 되고, 혹여 세척이 잘 안 되면 그 때문에 음식이 변질되거나 음식 맛이 달라질 수 있으니까요. 그래서 용기를 다른 소재로 바꾸자 했는데 어른들이 난색을 표하시더라고요. 저로서는 당연하다고 생각되는 일이 설득되지 않으니까 힘들었는데, 경우에 따라 사소한 것 하나로 지금껏 살아온 삶 전체를 부정당하는 느낌을 받기도 한단 걸 몰랐어요. 하지만 사소한 차이가 맛으로나 마음으로나 전해진다고 생각해서 저도 조금씩 개선해나가고 있어요. 어른들이 다 틀린 것도 아니거든요. 내공이 정말 대단하세요. 국 뜨는 스냅도 달라요. 사실 '오늘은 내가 끓어야겠다' 하는 날이 더 많죠."

음식만큼이나 사람과 사람 사이의 관계, 감정에 대해 배우는 날들이라고 했다. 거래하는 곳, 함께 일하는 직원들, 손님들과도 마찬가지다. 40년 넘게 가게 앞 새벽장에서 장사하는 아주머니에게 배추나 무 같은 신선채소를 받고 있다. 시골에서 농사지은 것을 떼어 오시는 것을 사는데, 아닌 말로 판로가 다양해져서 더 알아보면 저렴한 값에 손질하기 더 수월한 것을 구할 수도 있을 것이다. 냉정하게는 현금 영수증이 발급되는 것도 아닌데 굳이 거래할 명분이 없다고 할 수도 있겠다. 하지만 지역에서 나

는 먹을거리를 이웃을 통해 장만하는 선순환이 우리네 사는 모습을 더 풍요롭게 할 거라 믿는다. 코앞의 이문을 좇지 않는 이유다.

그런가 하면 천황식당은 오랫동안 중절모를 쓴 할아버지, 목욕 바구니를 든 할머니들이 단골로 드나들던 한가로운 식당이었다. 작은 방이 많아 맞선 장소로도 인기가 좋았다. 2000년대 들어 인터넷이 발달하고 블로그 형태의 1인 미디어가 인기를 끌면서 외지 손님들이 부쩍 늘었다. 장사가 잘된다고 마냥 좋은 것은 아니다. 손님이 많아질수록 일하는 사람은 힘들어지고, 그럼 모든 게 엉망이 되기 십상이다. 화반이라 했건만 밥을 예쁘게 담을 수도 없게 되고, 손님들은 기다리는 시간이 길어진다. 작은 것 하나에도 마음이 상하면 회복하기가 쉽지 않다. 그러니 100년 넘게 장사를 하고 있어도 언제나 1일째인 것처럼 마음을 먹어야 하는 일이다.

"손님들이 인터넷에 평점을 매기잖아요. 맛있게 드셨다는 분도 있고, '소문난 집에 먹을 거 없네' 하시는 분들도 있어요. 5점을 보면 기분이 좋고, 0점이나 1점 이렇게 박하게 주시는 분들을 보면 속상하기도 하지만 어떤 부분에 마음이 안 좋았을까 생각하게 되고, 저희가 조금 더 신경 써서 즐겁게 시간을 보내다 가실 수 있게 해야겠다고 다짐하게 돼요."

정순인은 2020년 5월 아버지 정영한을 여의었다. 100년을 버틴 것만도 대단하다고 말하는 이들이 많지만 아버지께서 돌아가시고 보니 100년도 긴 것 같지가 않다고 했다. 그러니 100년 동안 집안 어르신들이 해온 것들을 잘 지켜가며 맛있는 식당을 넘어 멋있는 식당으로 만들어야 하겠다는 다짐을 하게 된다고. 그때마다 참 설렌다고 하는 얼굴에 생기가 돌았다. 백년가게 천황식당은 그렇게 내일을 준비하고 있다.

○ ○ ○ ● ○ ○ ○ ○ ○ + +
1931

SINCE 1931

WHERE 전북 익산시 황등면 황등로 158

02 **돌과 씨름하던 이들을 위한 맞춤 한 끼**

진미식당

일반적으로 비빔밥은 제 입에 간을 맞춰 양념장을 넣고 비벼 먹는다. 나물, 육회 등의 고명 위에 올리든 종지에 따로 내든 양념장을 밥에 비비는 건 먹는 사람 몫이다. 그런데 전북 익산의 황등에서는 다르다고 했다. 그냥 봐선 잘 모르겠다 싶었는데 밥을 비비려고 젓가락으로 고명을 흐트러뜨렸더니 정말이지 달랐다. 양념장을 머금고 먹음직스럽게 잘 비벼진 밥이 고명 아래에 있었다. 얼른 한술 뜨고 싶은데 밥을 비비느라 마른입을 다시며 몇 번이나 침을 꼴깍이곤 하는 나로서는 비벼진 밥이 그저 좋아서 얼른 한 숟가락 맛을 봤다. 돌솥비빔밥도 아닌데 따뜻하기까지 했다. 그러고 보니 스테인리스 그릇이 뚝배기 받침에 나왔다. 익숙하면서도 색다른 맛에 점점 호기심이 생겼다.

토렴해서 비빈 밥을 차려내는 까닭

애써 고슬고슬하게 지은 밥인데 식혀서 찬밥을 만든다. 토렴을 하기 때문이다. 밥이나 국수에 뜨거운 국물을 부었다 따랐다 하여 덥히는 일을 토렴이라 한다. 보통 돼지국밥이나 콩나물국밥 등 뜨거운 국에 밥을 말아 먹을 때 찬밥을 토렴한다. 비빔밥에 토렴한다는 이야기는 낯설다.

"찬밥을 진한 사골 국물에 토렴하면 밥알이 한 알 한 알 고루 깨지면서 사골 국물을 적당히 머금게 돼요. 거기에 고추장 양념과 간장을 넣고 밥을 비빕니다. 그 위에 나물 고명과 육회를 담고 스테인리스 그릇째 불에 올려 따뜻하게 데웁니다. 그리고 맑은 선짓국과 함께 상을 내요. 이것이 황등비빔밥입니다."

1931년 오일장이 서던 황등 장터 한쪽에서 아궁이에 불을 지펴 음식을 만들었던 조여아 할머니의 솜씨가 딸 원금애에 이어 손자 이종식에게로 이어지고 있다. '비빈 밥'으로 황등비빔밥의 전통을 계승하고 있는 진미식당의 이야기다.

조여아 할머니가 황등에서 비빔밥 장사를 시작한 것은 이 마을의 입지와 관련이 있다. 황등면을 비롯하여 인근 금마면, 함열읍 등 익산 황등산 자락에서는 예부터 양질의 화강암이 생산됐다. 그 품질이 워낙에 좋아 익산에서 나는 화강암을 가리켜 특별히 '황등석'이라 불렀다. 그러고 보면 익산 미륵사지 석탑에 '현존하는 우리나라 최고의 석탑'이라는 수식어가 붙은 것도 우연의 일치가 아닐 테다. 삼국시대부터 이미 화강암이 유명했고 황등석이라는 이름이 붙은 것은 조선 철종 때부터이다. 이 덕에 황등면 일대에는 일찍이 채석장이 들어섰고 석재 산업이 발달했다.

지금이야 온갖 장비들이 있다지만 오랜 세월 돌을 캐고 다듬고 나른 건 모두 석공의 일이었다. 조여아 할머니가 시장에 자리를 잡은 1930년대 초반은 근로 환경을 운운할 수도 없는 때였다. 일자리가 있는 것만으로도 감사하다는 사람들이 많았고, 대다수는 밥 먹고 한숨 돌릴 새도 없이 숟가락을 놓자마자 다시 일터로 향해야 했다. 황등비빔밥은 '성격 급한 사람에게 딱'이라는 우스갯소리도 있지만 사실은 급하게 먹을 수밖에 없었던 석공들의 고단한 처지에서 비롯된 한 끼 식사다. 비빔밥에 육회를 고명으로 올린 것도 석공들을 위한 배려였다. 육회는 고려 말 몽고인을 통해 우리나라에 전해진 것으로 알려져 있는데 그리 대

진미식당
진 미 식
854-422
진미식당

〈우리 동네 오랜 식당〉, 430x300mm, pen on paper, 2021

중화된 음식은 아니었다. 어느 나라에서나 육류는 굽거나 삶거나, 조리 방법이 어떻든 익혀 먹는 것이 일반적이다.

"육회는 보통 소 엉덩이 살로 만들어요. 지금은 꽤 비싼 부위인데 외할머니 때만 해도 육회를 즐겨 먹는 시대가 아니었어요. 소 잡는 데서나 먹었지 팔거나 하지도 않았대요. 삶으면 굉장히 퍽퍽해지거든요. 처분할 데도 없다고 했던 부위인데 그래도 고기잖아요. 석공들 일이 워낙 고되니 스태미나 보충에 좋겠다고 생각해서 그 고기를 저며 육회를 고명으로 올리셨던 거죠."

사골 국물에 토렴해 밥이 살짝 질퍽할 법도 한데 손님상에 내기 전 그릇째 불에 올려 살짝 덥히니 사골 국물을 머금어 윤기가 흐르면서도 그릇 바닥에 밥이 살짝 눌어 구수한 풍미를 더한다. 돌솥이 아닌 스테인리스 그릇이라 너무 뜨겁지도 않게 적당한 온기를 유지해 먹기에 참 수월하니 먹는 사람을 얼마나 배려한 한 그릇인지를 먹는 내내 충분히 곱씹게 된다.

어머니가 힘든 일을 그만했으면 하는 바람으로

조여아 할머니의 딸 원금애는 결혼해 남편 본가인 부여에 가서 살다가 1973년 남편, 아들 둘과 함께 황등으로 돌아왔다. 그간에도 부여에서 익산을 오가며 친정어머니 일을 도왔지만 식당 일이 점점 커지며 일손이 달렸다. 원금애가 식당에 합류하면서 정식으로 사업자등록도 하게 됐다.

"일제 때나 전쟁 전후로는 어떤 모양새였는지 알 수 없지만 제가 어릴 때만 해도 양철 지붕 아래 다리 몇 개 세워 겨우 비만 피할 수 있도록 해놓은 게 시장의 전부였어요. 땔나무를 높이 쟁여놓고 그 옆 아궁이에다 불 때고 솥을 걸어두었던 것이 생각납니다. 그 장터에서 장사하던 외할머니께서 모아둔 돈에다가 친척들에게 쌀 몇 가마니씩을 빌려 가게를 얻으셨어요. 지금 저희 식당 바깥에 간판 두 개가 나란히 걸려 있어요. 처음에 얻은 가게가 오른쪽 간판이 걸린 딱 그만큼이에요. 이후에 옆집까지 얻어서 지금 식당이 됐어요."

장터에서 일하던 것에 비하면 일하는 환경이 좋아졌지만 이종식은 식당 일이 마뜩치 않았다고 한다. 부모님 두 분 모두 식당 일로 바빠 가족이 다정히 보낼 시간이 없었기 때문이다. 돌 공장도 많았지만 중개인도 있고 돌을 사러 오는 사람들도 전국 각지에서 몰려들었다. 그러면서 가게가 많이 알려졌다. 돈깨나 있는 외지 손님들이 가게를 드나들었다. "신작로에 차 소리가 난다 하면 다 우리 집으로 오는 거라고 했어요." IMF 이후로 경기가 예전만 못하다고 하지만 오히려 거품이 빠져나갔을 뿐 지금도 사정이 나쁘지는 않다고 했다. "석재 아니고야 크게 볼 것 없는 작은 면 소재지잖아요. 그런데 어머니께서 '나는 IMF가 뭔

지도 모르고 그 세월을 지났다'고 할 정도였으니까요."

이종식은 음식점 일을 물려받는다고는 한 번도 생각해본 적이 없었다. 대학을 졸업하고 여의도에서 회사 생활을 하다가 자진해서 고향으로 발령 신청을 했다. 고향에서 생활하고 싶었을 뿐 가게 일에는 관심이 없었다. 생각이 바뀐 건 아버지께서 쓰러져 중환자실에 계실 때였다. 회사를 그만두고 2년여 아버지의 병간호를 하면서 간간이 어머니 일을 도와드리게 되었는데, 그러는 동안 어머니가 그 힘든 일을 그만두게 하는 방법은 자신이 도맡는 것 외에는 없겠단 생각이 들었다. 그렇게 하지 않으면 어머니께서 힘들어도 계속 일하실 거라는 걸 너무도 잘 알았다.

고생스럽게 이어가는 것에는 이유가 있게 마련

이종식이 본격적으로 가게 일을 시작한 것은 2003년 무렵이다. 식당 일은 생각했던 것보다 훨씬 힘들었다. 식당 일을 잘 몰랐을 때는 참기름 하나까지 직접 짠 것을 고집하는 어머니를 이해하지 못했다. 뭐 그렇게 힘들게 일하냐고 어머니에게 매번 싫은 소리를 했다. 그때마다 어머니는 "너도 해봐라. 내가 할 일이 따로 있다." 하실 뿐이었다.

식당 일을 가업으로 이어가는 집들이 꽤 있다. 간혹 손님들에게서 '그 집 옛날 맛 안 난다' 소리를 듣는 집도 적지 않다. 줄

곧 온화하게 말을 이어가던 이종식은 이 이야기에서만큼은 단호했다. "그건 다 똑같이 안 해서 그렇습니다." 물론 손님들 입맛이 바뀔 수도 있다. 식자재 수급상 어쩔 수 없이 달라지는 부분도 있다. 그렇지만 일을 해보니 알겠더란다. 윗대에서 했던 것보다 좀 더 간편하게 할 수 있는 방법이 떠오르기도 하고, 중간에 한두 가지는 생략해도 괜찮을 것 같고, 재료도 크게 차이가 없는 것 같아 바꿔보게 되는데, 그 순간 맛이 달라졌다.

손님 중에 스테인리스 그릇이 볼품없다고 말씀하시는 분들이 더러 있어 식기를 바꿔보려고 시도한 적도 있다. 유명한 비빔밥집들을 보면 대개 놋그릇을 사용한다. 그런데 그릇째 불에 올려 덥히니 놋그릇은 그을어 사용할 수가 없었다. 이종식은 돌솥 몇 가지를 사서 실험을 해봤다. 너무 무거워서 토렴하고 비비는 것이 힘들기도 했지만 무엇보다 맛이 달랐다. 찬밥을 토렴하면 밥알이 수분을 머금게 되는데 이걸 돌솥에 담아 덥히니 순간적으로 열이 오르면서 밥이 질어지고 금방 불었다. 바꿀 수 없는 것이었다.

이야기를 나누는 도중에도 손님이 들어올 때마다 이종식은 주방에 들어가 밥을 비볐다. 그는 일하는 사람은 두되 주인이 직접 음식을 만드는 것이 식당 일의 정석이라고 했다. 외할머니, 어머니께서 만드는 것을 보고 자라고 먹고 자랐다. 비법도 비법

이지만 자연스럽게 제 몸에 익은 것들이 있다. 건장한 남자 손님이 들어오면 따로 부탁하지 않아도 알아서 양을 더 주기도 한다. 그럼 밥만 더 퍼 담는 것이 아니라 고명이나 양념도 더 넣어야 본래의 맛을 낼 수 있다. 그건 일하는 사람에게 시켜서 할 수 있는 일이 아니다. 하물며 고추장을 만들고, 간장을 달이는 정성을 어느 누구에게 맡길 수 있을까.

이종식은 가업을 이어가겠다고 마음먹었을 때 이 식당을 백년가게로 만드는 것이 유일한 목표였다. 10여 년이 남았는데 그 목표는 충분히 이룰 수 있을 것 같다고 했다. 그런데 최근 들어 목표가 하나 더 생겼다.

"저희 어머니만 해도 제가 식당 일 하는 것을 싫어하세요. 가게를 없애는 건 또 아깝다 생각하시지만 아들이 하는 건 안쓰러우신 거죠. 얼마나 힘든 일인지 본인이 너무 잘 아니까요. 부모 마음은 다 똑같잖아요. 그래서 어느 정도 장사가 되는 식당을 보면 친인척이 물려받거나 좋은 값에 넘기는 경우가 많아요. 사실 그러면 가게 이름은 남아도 대물림은 안 되죠. 저는 제 아이들에게 이 가게를 물려주고 싶어요. 단, 자기들 스스로 하고 싶어서 이어가게 만들고 싶어요."

이종식은 요즘 지자체마다 전략적으로 조성하는 테마 거리에 갈 때마다 아쉬운 마음을 안고 돌아온다. 서양 음식이나 퓨전 음식을 하는 곳은 많은데 정통 한식을 맛볼 수 있는 곳들은 찾아보기 힘든 이유에서다. 한식은 본음식도 잘해야 하지만 반찬 가짓수도 많은 데다 또 반찬도 하나하나 다 맛있어야 인정을 받는다. 집에서 만들어 먹는 음식만큼의 정성과 품질이 요구되고, 자연히 손님들의 눈높이가 높을 수밖에 없다. 이런 형편이니 대물림 식당이 점점 귀해지는 것은 말해 무엇하랴. 그는 단순히 오래되어서 유명한 식당이 아니라 '오래 이어올 만하다'고 인정받는 식당으로 자녀들에게 진미식당을 물려주고 싶다고 했다.

진미식당은 TV 방송에 꽤 많이 소개된 비빔밥집이다. 최근에는 방송 출연 제안을 많이 거절하고 있는데 가게를 홍보하는 것이 아니라 황등비빔밥 자체를 알리는 일이라면 기꺼이 나선다. 사실 근처에 황등비빔밥을 파는 식당이 몇 곳 더 있다. 진미식당 못지않게 손님이 많다. 어머니께서 "입맛은 고향 따라 간다."라고 하신 것처럼 다른 집이 더 맛있다 하는 손님들도 있다. 이종식은 자연스러운 일이라고 했다. 다만 외할머니께서 시작하신 일이기에 황등비빔밥을 조명하는 일이라면 자신이 해야 할 역할이 있다고 했다. 자부심을 갖고 일하는 사람 특유의 다부진 면모였다.

손님이 들어오자 그는 서둘러 다시 주방으로 들어갔다. 그리고 이내 밥이 맛있게 비벼지는 소리가 들렸다. 그의 바람대로 식당이 대물림되어 이 맛있는 소리를 오래도록 들을 수 있으면 좋겠다.

○ ○ ○ ○ ○ ○ ● ○ ○ + +
1965

SINCE 1965

WHERE 충북 제천시 독순로6길 5

03 자꾸만 손이 가는 차지고 담백한 맛

덩실분식

분명 간판이 분식인데 덩실분식에는 김밥은 물론 떡볶이도, 순대도, 어묵마저도 없다. 메뉴는 찹쌀떡과 도넛 딱 두 가지. 도넛은 팥소가 들어간 '팥 도넛'과 소를 넣지 않고 가운데 구멍을 낸 '링 도넛'으로 선택지가 하나 더 있다. 맛있다는 소문을 듣고 찾아왔지만 "분식집인데 분식이 없네?" 혹은 "분식점에서 어떻게 찹쌀떡을 팔게 됐을까?" 드문드문 허공으로 흩어지는 목소리에 함께 줄을 선 앞뒤 손님 몇몇이 그쪽으로 고개를 돌렸지만 말없이 그저 배시시 웃기만 했다.

차례를 기다려 떡과 도넛이 든 상자를 받은 손님들은 가게 문턱을 넘어서기도 전에 상자를 열어 기어코 한입 베어 문다. 아직 차례가 먼 손님들은 오물오물하는 그 입 모양을 보며 입맛을 다시거나 마른침을 삼키기 일쑤다. 저 맛이 궁금한데 혹여 내 앞에서 매진되기라도 하면 어쩌나 조바심이 나는 거다. 그러다 보면 분식점이면 어떻고, 떡집이거나 빵집이면 또 어떠하리. 부디 내 앞에서 매진되는 불상사만 없게 해달라는 생각밖에 안 드는걸.

분식점에서 찹쌀떡과 도넛을 팔게 된 사연

"원래 분식이 가루로 만든 음식이란 뜻이에요. 처음 가게를 시작한 저희 할머니께서 그 분식의 틀 안에서 찹쌀떡과 도넛뿐만 아니라 칼국수, 만둣국, 찐빵 등 다양한 음식을 만들어 파셨어요."

1965년에 분식점을 시작한 박계역 여사의 손자 석대광이 '분식'의 본래 말뜻을 일러준다. '김떡순' '떡튀순' '오떡순'이라 하여 세트로 구성되는 김밥, 떡볶이, 튀김, 순대, 어묵 등 오늘날 우리가 분식으로 떠올리는 음식들은 본래 분식의 범주가 아니었다. 석대광의 말처럼 분식은 한자로 가루 분粉, 먹을 식食 자를 쓴다. 우리말로는 '가루음식' 또는 '가루붙이'라고도 한다.

쌀 생산량이 부족하기도 했거니와 전쟁을 치르며 식량 상황이 더욱 악화됐던 1950년대에는 우선 아껴 먹으라 해서 정부 주도로 '절미운동'이 전개됐다. 이후 1955년 5월 '한미잉여농산물협정'이 체결되어 1956년부터 미국산 농산물이 원조되었다. 그 후로 상황이 조금 나아져 쌀로만 밥을 짓지 않고 잡곡을 최소 3분의 1 정도 섞어 먹는 '혼식'과 쌀밥 대신 밀가루를 반죽해 만드는 칼국수나 수제비 같은 '분식'이 권장됐다. 1967년에서 1976년 사이에는 권장을 넘어 매년 혼분식 행정명령이 떨어졌다. 음식점이 1순위 단속 대상이었다. 또한 집집마다 밥상 검사를 할 수 없으니 학생들 도시락을 검사해 혼분식 실태를 점검하던 것이 그 시절을 대표하는 인상이었다. 되짚건대 1970년대까지만 하더라도 분식은 밀가루를 반죽해서 손쉽게 익혀 먹을 수 있는 '한 그릇' 음식을 지칭하는 말이었다. 식재료를 구하는 것이나 비용 측면에서나 만드는 사람에게도 사 먹는 사람에게도 '부담이 덜한 한 끼'로 분식이 마침했다. 가루붙이는 아니지만 간단한 한 끼의 범주에 있는 음식들이 오늘날 분식으로 통용되는 이유도 그 '부담 없음'의 연장선상일 것이다.

음식 솜씨가 좋았던 박계역 여사는 1965년 제천 명동에 '맛나당'이라는 이름으로 분식점을 열었다. 지금의 위치로 옮긴 것

찹쌀떡 · 도나스
덩실분
643-213

〈덩실덩실〉, 430x300mm, pen on paper, 2021

은 1980년대 중반이었다. 남편이 손수 지은 집으로 이사를 와 그 자리에 다시 분식점을 열었다. 그 무렵 아들 석시한이 가게 이름을 '덩실분식'으로 하는 것이 어떠냐고 이야기를 꺼냈다. 가게에도 손님들에게도 덩실덩실 춤출 만큼 좋은 일만 있기를 바라는 마음에서였다. 박계역 여사는 '참 좋은 이름이다' 여겨 기꺼이 간판을 바꿔 달았다. 가게 이름과 자리는 바뀌었지만 음식 솜씨는 변함이 없었다. 시어머니 일을 돕던 며느리 지경순이 그 솜씨를 배우고 익혀 가게를 이어나갔는데 덩실분식은 이미 제천에서 알음알음 소문난 동네 맛집이었다.

동네부심 생기게 하는 달인의 솜씨

한 블로거가 2014년에 덩실분식에 왔다가 남긴 포스팅을 보면 손칼국수와 떡만둣국이 가게 메뉴판 맨 앞자리를 차지하고 있고 찐빵도 메뉴에 있다. 덩실분식에서 찹쌀떡과 도넛만 만들기 시작한 때는 2015년 가을께부터다. TV 방송에 '찹쌀떡과 도넛 달인의 집'으로 소개되면서 찾아오는 손님 대부분이 찹쌀떡과 도넛을 찾는 데다 일손도 부족하다 보니 자연스럽게 이 두 가지 메뉴에 집중하게 됐다.

"저희 가족 누구도 이렇게까지 될 줄은 몰랐어요. 방송이 나간 후로 손님들이 전국에서 오시는데 어머니 혼자서는 감당이 안 되는 상황이 온 거죠."

온 식구가 지경순을 도와 가게 일을 익히게 된 것도 그때부터다. 현재 덩실분식은 지경순과 아들 석대광이 조리를, 남편 석시한과 딸 석다영이 매장 운영을 맡고 있다. 물론 대장은 '시어머니께 배운 그대로 하는 것뿐'이라고 말하는 며느리 지경순이다.

찹쌀떡은 시중에 파는 찹쌀가루를 사용하지 않고 찹쌀을 직접 불린 다음 큰 가마솥에 두 번 쪄낸 찹쌀밥으로 떡 반죽을 해 만든다. 중간에 소금물로 간을 하는 것 외에 따로 첨가하는 것은 없다. 완성된 떡 반죽은 뜨거운 상태에서 인절미 썰 듯 일정한 모양으로 떼어낸 다음 손으로 쭉쭉 늘려가며 가운데에 한 숟가락 듬뿍 뜬 팥소를 넣고 감싼다. 찹쌀 반죽은 식으면 그 상태로 굳어 팥소를 쌀 수가 없다. 그렇기 때문에 떡 반죽이 완성되면 바로 작업에 들어가야 한다. 그렇게 매일 하루치 양을 정해서 딱 그만큼만 판다.

한편 도넛은 밀가루와 이스트의 조합이 아니라 찹쌀가루에 막걸리를 넣어 반죽을 발효시킨다. 밀가루 특유의 풋내가 없어 쫄깃하면서도 구수한 맛이 나는 찹쌀도넛의 비결이다. 모두 시어머니 박계역 여사가 하던 방식 그대로다.

제천에서 나고 자란 후배에게 안부를 전할 겸 연락을 해 슬

찍 "제천에 덩실분식이라고 있다던데, 알아?" 떠보았더니, "그럼요! 타지에서 손님이 오면 꼭 데려가서 한입 맛보이고 싶은 제천의 디저트 가게랄까요!" 하고 '동네부심' 충만한 이야기들을 쏟아냈다. 제천에서는 중요한 시험을 앞두고 이 집 찹쌀떡이 특히 인기라고 했다. 후배 역시 십수 년 전 수능시험을 볼 때 덩실분식의 찹쌀떡을 먹었다고 이야기하는데 생글생글 웃는 그 표정이 그려지면서 덩달아 신이 나더라니. 요즘엔 줄이 더 길어졌지만 줄 서서 기다리는 것까지 재미라고 하기에 "맞아." 하고 맞장구를 쳤다.

덩실분식의 찹쌀떡은 오전 8시 30분, 도넛은 10시부터 판매

되는데 정오가 되기도 전에 오전 물량이 모두 소진된다. 그럼 식사를 하고 다시 오후 영업을 준비해 오후 2시에 판매를 재개한다. 오후 2시에는 찹쌀떡과 도넛이 함께 나온다. 하루에 찹쌀 두 가마, 찹쌀떡 개수로 치면 3천 개 이상을 빚어야 하는 물량이다.

"예전에는 그날그날 먹을 것을 편하게 구입하시던 제천 분들이 이제 사 먹기 어렵게 됐다고 많이 좀 만들면 안 되냐고 묻곤 하세요. 그런데 모두 수작업으로 하다 보니 매일 만들 수 있는 양에 한계가 있어요. 그날 영업 마무리하고 오후 4시경부터 다음 날 재료를 준비합니다. 그 작업만 해도 밤 10~11시에 끝이 나요."

이렇게 고되고도 정성스럽게 만든 찹쌀떡과 도넛이 개당 천 원이다. 저렴해서 몇 박스씩 사겠다고 욕심내는 손님들도 있는데 상황을 보며 두 상자 또는 세 상자 정도로 판매량을 제한하기도 한다. 그날 만든 것을 딱 그날 맛있게 먹을 수 있을 만큼 구매하는 것이 적당하겠다는 마음도 있고, 줄 서서 기다리시는 분들이 헛걸음하지 않았으면 하는 마음도 있어 신경을 쓰는데 그럼에도 죄송하고 또 감사한 마음에 고개 숙여야 하는 날들이 많다.

언제 가도 그 자리에 있어 반가운 가게이기를

30대 초중반의 석대광, 석다영 남매가 가업을 잇게 되면서 가게에 변화는 없는지 혹은 변화를 줄 계획은 없는지 궁금했다. 이 질문에 아직은 본질에 집중하는 것이 중요한 때라는 대답이 돌아왔다.

"어머니께 배우고 익혀야 할 것이 더 많습니다. 찹쌀떡도 도넛도 재료가 있고 레시피가 있으면 어렵지 않게 만들 수 있을 것 같지만 결코 그렇지가 않아요. 분명 노하우가 필요한 일입니다."

어머니 지경순은 아들딸이 가업을 잇겠다고 했을 때 든든하면서도 걱정이 많았다. 하고 싶고 할 수 있는 것들이 많은 세대이지 않은가. 또 가게 일을 하다 보면 나름의 목표도 생기고 계획도 세우게 될 텐데 얼마나 뒷받침해줄 수 있을까 걱정이 되기도 한다고. 그 말을 들은 석대광은 이런 이야기를 꺼냈다.

"할머니께서 이제 가게 일은 안 하시지만 저희랑 식사하러 오시곤 하는데 가끔 '재밌어?' 하고 물어보세요. 힘들 때도 많지만 일 자체가 재미있기도 하고, 가족들이 함께 일하다 보니 안정되는 부분도 있어요. 그래서 시원하게 '재밌어요, 할머니'라고 대답하죠."

덩실분식과 작은 마당을 사이에 두고 휴게실이 있다. 영업시간이 되기 전부터 줄을 서는 손님들이 많아지면서 마련한 공간이다. 매장 운영을 맡고 있는 부녀 석시한과 석다영은 줄이 길어지는 시간이 되면 손님들이 휴게실에서 마당을 지나 가게 측면 출입구로 입장해 정문으로 나갈 수 있도록 동선을 유도한다. 줄이 줄어들면 잠시 앉아 쉬었다 갈 수 있는 말 그대로 휴게실이 된다. 카페 분위기가 물씬한데 음료 등 다른 먹을거리를 판매하지는 않는다. 손님들이 찹쌀떡이나 도넛과 곁들여 먹을 수 있는 음료를 많이들 찾아 여러모로 생각을 해보았는데 음료는 해보지 않은 분야라 욕심을 내면 안 될 것 같다고 말했다. 당분간은 멀리까지 일부러 찾아와주시는 손님들이 편하게 이용할 수 있는 휴게실로만 활용할 계획이다.

한편 찹쌀떡과 도넛을 만드는 조리 공간과 판매 공간으로 사용하는 가게는 필요할 때마다 수리는 하겠지만 가급적 할아버지께서 지은 모습 그대로 유지할 생각이다.

"지금은 생활하는 집이 따로 있지만 어렸을 때는 이곳이 가게이자 저희 집이기도 했어요. 백일잔치, 돌잔치를 이 집에서 했죠. 앞쪽이 가게고 뒤쪽이 생활공간이었는데 가게가 좁으니까 방학 때 방에서 TV를 보고 있으면 식사 손님들 들어오신다고 밖으로 쫓겨나기도 했고요. 할아버지께서 지으신 집이기도 하지만 곳곳에 가족의 추억이 있으니 이 집은 그대로 있었으면 좋겠어요. 저도 제 동생도 부모님도 마찬가지일 것 같아요. 그냥 이 집이 좋습니다. 찹쌀떡, 도넛이랑도 잘 어울리고요. 그래서 손님들도 더 좋아해주시는 게 아닐까 싶어요."

옛 추억을 소환하는 레트로에 이어 레트로를 재해석하여 '요즘 옛날'이라 하는 뉴트로까지 엄청난 파급력을 발휘하는 소비 트렌드가 수년간 지속되고 있지만 유행이 지나더라도 이 마음은 바뀌지 않을 것 같다. 언제 가도 변함없이 한자리에서 제 모습을 간직한 가게가 손님들에게도 반가운 이정표가 되지 않을까 하고 되물어오는데, 그 마음이 참 반가웠다. 차지고 담백한 맛을 내는 사람은 마음도 그런가 보다.

1957

SINCE 1957

WHERE 서울 중구 남대문로1길 26-9

04 달을 품은 과자 한입

융태행제과점

한참을 서서 쳐다봤지만 오래 본다고 알 수 있는 게 아니었다. 隆泰行. 한자 간판이라니…. 얼른 온라인 한자사전 필기인식기에다가 '그려' 본다. 융성할 융隆, 클 태泰, 다닐 행行 자다. 이리저리 뜻을 조합해봐도 잘 모르겠다 싶은데 그 옆으로 자그마하게 '製菓'라는 글자가 붙어 있다. 지을 제製, 과자 과菓. 그제야 제과점인 줄 안다. 융태행은 월병을 비롯한 중국식 과자를 만들어 파는 제과점이다.

화교촌의 잡화점에서 제과점으로

월병은 우리네 송편과 마찬가지로 음력 8월 15일 우리의 추석에 해당하는 중국의 중추절에 빠지지 않는 음식이다. 보름달 아래 온 가족이 둘러앉아 보름달처럼 둥글게 빚은 월병을 나누어 먹는 것이 오랜 전통이고, 가까운 이웃과 친척들에게 월병을 선물하는 것 또한 오랜 미덕이다. 그러나 명절 음식으로 의미가 한정되지는 않는다. 월병은 한족이 원나라의 지배를 받게 되는 시기에 그 존재감을 드러냈다고 한다.

"원나라에 대항하려면 여러 사람의 힘을 모아야 하는데 쉽지가 않았겠죠. 요리할 때 쓰는 칼도 몇 집 걸러 하나씩만 주고, 그마저도 회수해 갈 만큼 무기로 쓸 수 있는 것들을 엄격하게 통제하고 감시도 심했다고 해요. 전해지는 말로는 그때 누군가 생각해낸 것이 월병이었대요. 마침 중추절이었고 명절에 이웃끼리 과자를 나눠 먹는 것까지 막지는 않을 테니 월병 안에 쪽지를 넣어 거사 날짜를 공유하고 일을 도모했다고 해요."

융태행을 운영하는 주인장 난홍진이 들려준 옛이야기다. 월병의 유래에 관한 여러 설 중의 하나라지만 월병에 화합과 단결의 의미가 있고, 또 선물용으로 마련하는 경우가 많다는 뭇사람들의 이야기가 괜한 말이 아니겠다 싶은 대목이다. 융태행에서 월병을 만들어 팔게 된 것도 화교들이 운영하는 식당에서 손님 선물용 월병을 주문하면서부터다.

난홍진은 1978년경 아버지의 소개로 융태행에서 일을 배우기 시작했다. 주인은 중국 산둥성 모평이 고향인 서중오 어른이었다. 어느 지역이나 타향살이를 하다 보면 고향 사람들끼리 잘 뭉치기 마련이다. 지금은 통합이 되어 대부분 '연태 사람'이라고 하지만 서중오 어른은 연태에서도 모평 사람이고, 난홍진의 아버지도 모평 가까이에서 나고 자랐다.

"맞습니다. 화교죠. 서중오 어른이 가게를 시작한 건 1957년 즈음이에요. 저는 1978년경에 들어왔고, 제가 온전히 운영한 지는 15년 정도 됐나 봐요. 서중오 어른은 지난해에 아흔넷을 일기로 돌아가셨어요."

서중오 어른은 한국에서 무역상을 한다는 고향 사람을 소개받아 바다를 건넜고, 당시 가장 규모가 큰 화교촌이 형성되어 있었던 소공동 언저리에 자리를 잡았다. 1947~48년경의 일이다. 한국말도 못했고, 대단한 재주가 있는 것도 아니었다. 그 시절 한국에 들어와 정착하게 된 화교 대부분이 비슷한 처지였다. 몸집이 큰 무역상 밑에서 일을 배웠고, 돈을 모으고 어느 정도 인맥이 잡히면 '계'를 신청해 자기 가게를 차릴 만큼의 종잣돈을 마련했다. 서중오 어른 역시 그 과정을 거쳐 한국에 들어온 지 10여 년 만에 자그마한 가게를 내게 됐다. 그 가게가 바로 융태

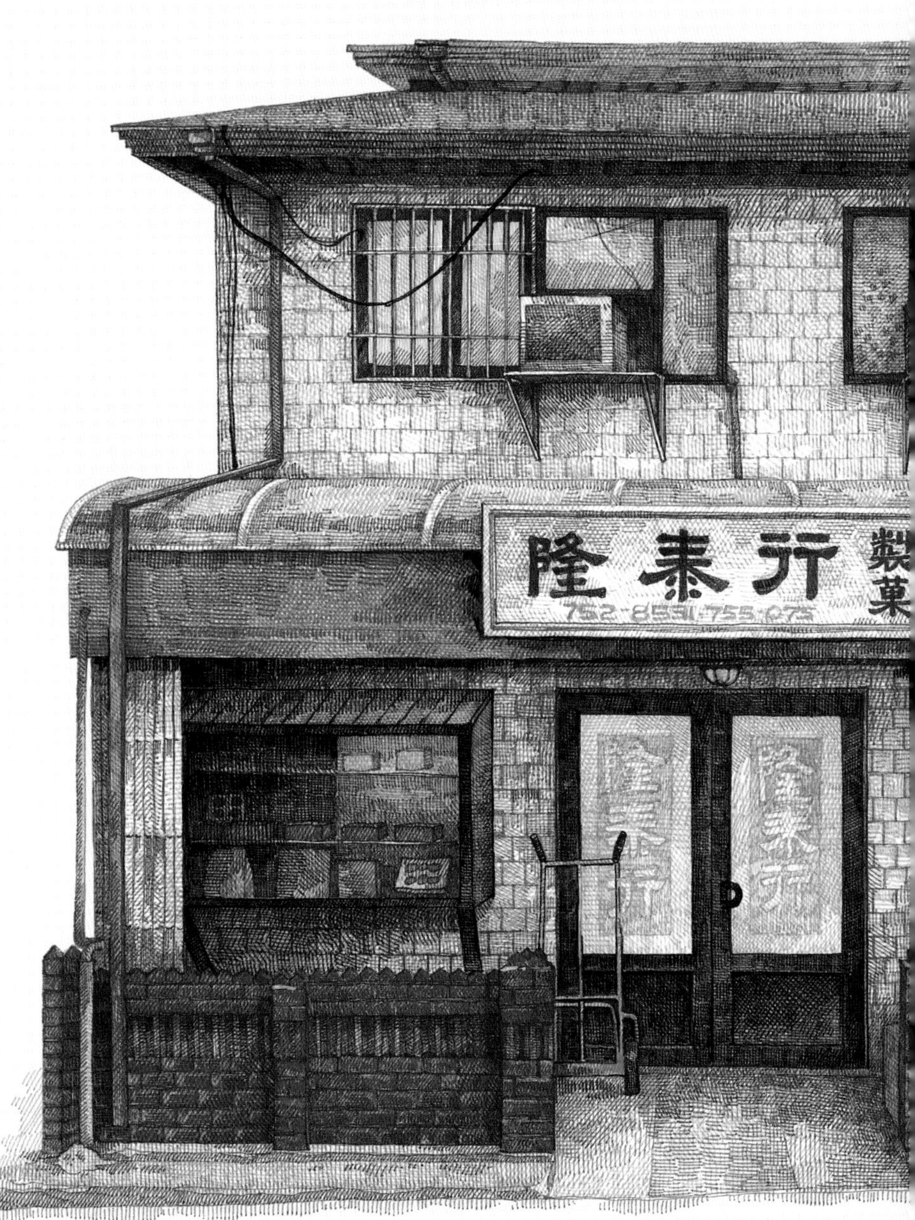

隆泰行
製菓

〈신비한 과자 가게〉, 400x300mm, pen on paper, 2021

행이다.

처음 융태행은 잡화점에 가까웠고, 식재료의 비중이 높았다. 그러다가 추석이 가까워지면 화교들이 운영하는 식당에서 월병 주문이 들어왔다. 그게 1년, 2년 이어지다 보니 물어물어 찾아오는 사람들이 생겨났다. "옛날에야 명절에나 먹었지만 요즘 세상에 먹고 싶으면 먹는 거지 추석 때까지 기다릴 필요가 뭐 있겠어요." 평소에도 월병을 찾는 손님들이 많아지면서 융태행은 자연스럽게 제과점이 됐다.

변함없이 수수한 옛날식 월병

월병은 달 월月, 떡 병餠 자를 쓰지만 떡보다 과자에 가깝다. 밀가루에 돼지 지방을 정제한 반고체 기름 '라드'와 달걀, 설탕 등을 한데 섞어 반죽해 피를 만들고, 그 속에 견과류나 팥 등의 소를 넣어 동그란 나무틀에 찍어 모양을 잡는다. 전통적으로는 화덕 또는 숯불을 피워 구웠는데 요즘에는 가스를 사용한다. 굽는 방식 외에 들어가는 재료나 만드는 과정은 예나 지금이나 큰 차이가 없다.

모양은 비슷해도 중국 남방식 월병은 부드러우면서도 화려한 편이고, 북방식 월병은 다부지면서도 수수하다. 융태행의 월병은 북방식, 그중에서도 산둥 지역에서 만들어 먹던 방식으로 만든다. 점점 생활이 윤택해지고 재료도 풍부해지면서 중국과 한국에서는 퓨전 월병이 다양하게 개발되고 있는데 그렇게 따지면 융태행의 월병은 북방식이냐 남방식이냐를 따지기 전에 '옛날식'이다. 융태행에서 맛볼 수 있는 월병은 견과류 소를 넣은 팔보八寶, 팥 소를 넣은 두사豆沙, 대추 소를 넣은 조니棗膩까지 세 종류뿐이다. 다양하게 만들어 팔아 장사가 더 잘된다면 좋겠지만 과거 방식에서 조금이라도 바꾸면 과자가 제대로 안 나온다. 장사가 안되어도 별 수 없다. 맛이 변해서는 안 되니까. 그러니 배운 대로 아는 대로 할 수 있는 만큼 할 뿐이다. 잡과, 병건, 호두과자, 부용고 등 중국식 과자도 네 종류가 있는데 재료는 단순하고 맛은 담백하다.

"요즘 과자는 한입 깨물었을 때 승부를 봐야 해요. 특히 서양식 과자는 워낙에 버터와 치즈를 많이 쓰는 데다 강렬한 향내를 더해서 사람들 입맛을 단번에 사로잡죠. 사실 과자는 한 입, 두 입에 승부가 안 나면 경쟁에서 버텨내기 힘들어요. 그 기준으로 보면 우리 과자는 완전히 옛날 과자지 뭐. 밀가루에 계란, 설탕, 기름, 그 외에는 기껏해야 깨를 넣는 정도니까요. 거기서 더 맛을 낸다 하면 깨를 조금 더 집어넣는 정도예요. 대신 서양식 과자는 입안에서 맛있고, 우리 과자는 씹어 넘길 때 목 깊은 데서 고소한 맛이 올라옵니다. 차 마실 때 곁들이면 딱 맞아요. 그러니 그나마 어른들 입맛에는 맞아도 젊은 사람들이 좋아하기는 힘들 거라고 생각했어요. 그런데 요새 인터넷이 참 신통하죠. 누가 인터넷에 올린 걸 봤다며 젊은 친구들이 휴대전화 지도를 보고 졸졸졸 찾아오더라고요."

그럴 때면 이유야 어찌 됐든 참 기특한 생각이 든다고 했다. 뭐라도 서비스를 주고 싶은 마음이 생겨 언젠가부터 맛보기용 과자를 따로 포장해두고 있다. 손바닥만 한 봉투에 과자 몇 개 담아주는 것뿐인데 그 맛을 본 손님들이 또 인터넷에 '서비스도 주고 좋더라'고 올리니 그걸 기대하고 오는 손님들도 있다. 요즘 젊은이들은 '정'으로 여겨지는 '덤'을 경험해보지 못한 세대다. 여느 월병 가게와 비교하면 절반 값인데 덤까지 주냐며 놀라는 손님들이 많다. 난홍진은 애초에 융태행의 월병이 화교들이 하는 가게에서 자기네가 먹을 것이 아니라 손님들 선물로 사 가던 것이었으니 너무 비싸면 부담스러울 게 아니냐고 했다. 다른 가게보다 저렴할지는 몰라도 나름대로 적당하게 받고 있단다. 덩달아 값을 올릴 일은 아니라고 했다.

추억을 쌓고 그리움은 달래고 정은 보탠다

1970년대까지 화교들은 서울시청 근처 더플라자호텔 뒤 소공동과 북창동 일대에서 식자재 도소매상, 음식점 등을 운영하며 서울 내 가장 밀도 높은 화교촌을 형성했다. 그 틈에 융태행도 있었다. 그러나 1970년대 초반 서울 도심부 재개발사업이 진행되면서 가게를 옮기게 됐다. 여기엔 국내 화교들이 겪어야 했던 설움이 짙게 배어 있다.

한국과 중국 사이의 왕래야 호랑이 담배 피우던 시절부터 있었겠지만 화교 커뮤니티가 국내에 형성된 시점은 1882년 임오군란 이후다. 당시 조선의 조정은 처우 문제로 난을 일으킨 구식 군대를 진압하는 데 청나라의 도움이 필요했다. 이때 3천여 청나라 군대와 함께 군역 상인 40명이 파견되면서 한국 화교의 역사가 시작되었고, 그 이듬해 인천항이 개항되면서 산둥성 출신의 일반 상인들이 바다를 건너와 한국 화교의 주류를 이루게 되었다. 인천과 가깝고 정기선이 운행된 것이 주효했다. 청 조정의 정책적 지원을 받은 당시 화상華商들은 인천항 주변은 물론 서울 사대문 안 도심부에 자리를 잡고 세를 넓힐 수 있었다.

일제 때에도 어려움은 있었지만 국내 화교 사회가 난처해진 것은 1949년 중국 공산당이 정권을 잡아 중화인민공화국이 수립되면서부터다. 이데올로기의 대립 속에 한중 관계는 단절됐고, 중국 본토가 고향인 당시 화교들 대부분이 대만 여권을 받아 한국에 정착하여 가계를 이루게 됐다. 대만 또는 제3국으로 떠나는 이도 있었지만 이러나저러나 이방인으로 살아가야 했

다. 이들 화교는 1992년 한중 수교 이후 국내로 들어온 한족 중국인, 재중 동포 조선족들과 분명 구분된다.

소공동과 북창동 일대에 자리 잡았던 옛 화교들은 1970년대 초반 서울 도심 재개발로 떠밀리듯 정든 동네를 떠나게 됐고, 그 맨 앞자리에 지금의 더플라자호텔이 건설됐다. 세간에 호텔은 서울시청 맞은편의 낙후된 도심을 가리는 병풍 역할로 기획된 것이라 알려져 있다. 그 흐름에 밀려 호텔 후문에 있었던 융태행도 한 동네에서 가게를 네 차례나 옮겼고, 그 사이 이웃은 확연히 줄었다.

다행인 것은 줄 설 정도는 아니지만 꾸준히 찾아오는 손님들이 있다는 점이다. 어렸을 때 할아버지와 손잡고 왔는데 돌아가시고 나서 문득 생각이 났다며 옛날 그대로라 얼마나 반가운지 모르겠다고 들르는 손님들도 이따금씩 있다. 인연이 대를 잇는 거다. 세상 돌아가는 이야기도 하고 사는 이야기도 주고받고, 차 한잔하면서 이런저런 이야기를 나누게 되는 손님들도 있다. 그런 손님들은 대부분 지긋한 나이인데 혹여나 가게 일에 방해가 될까 싶어 오기 전에 "난 선생, 오늘 시간 좀 있습니까?" 하고 전화로 기별을 넣는 양반네다.

적어도 한 달에 한 번, 소원해도 두 달에 한 번씩은 들르던 분들이 몇 달 걸음이 없으면 여지없이 '아버지가 별로 맛도 없는 이 과자를 왜 자꾸 사 오시나' 했다는 그 자식들이 부고 소식을 알려온다. 과자가 맛있어서가 아니라 주거니 받거니 정을 느끼러 온 사람들이다. 그때부터 그 맛없던 과자는 돌아가신 아버지를 추억하는 그리운 맛이 된다. 또 명절 즈음이면 돌아가신 아버지 어머니가 해주던 고향 음식이 그리운데 만들 줄을 모르겠다고 연락하는 젊은 화교들도 있다. 제 부모가 하던 대로는 아니겠지만, 그 맛이 제대로 날지도 잘 모르겠지만 그 맛을 찾아 물을 수 있는 사람이 있다는 건 든든한 일이다.

"60년 넘게 버텨줘서 고맙다는 분들이 많아요. 요즘은 화교들보다 한국 손님들이 더 많이 인사를 해주세요. 여기 이렇게 오래도록 있어줘서 고맙다고, 계속 이렇게 있어 달라고들 해요. 가까운 일본만 해도 100년, 200년 된 가게들이 있죠. 한국도 그렇고 중국도 마찬가지인데 전쟁, 개혁개방, 근대화 이런 과정을 거치면서 전통이라는 것, 문화라는 것이 많이 단절됐어요. 아까운게 많지만 지금 우리부터 그 문화를 이어가면 돼요. 그럼 되죠."

대기업에 다니고 있다는 난홍진의 아들은 얼마 전부터 "아버지, 힘들어도 어떻게든 잘 좀 지켜줘."라고 심심찮게 당부를 한단다. 10년쯤 지나 자신이 가게를 이어나가겠다고 말이다. "아버지는 인터넷을 너무 모른다고 하면서 자기는 뭐 이렇게 저렇게 해서 나보다 훨씬 더 잘할 수 있다고 야단이에요." 10년이 지나 아들이 정말로 나설지는 모르겠지만 말이라도 이 오래된 가게를 이어가겠다고 하는 것이 새삼 놀랍고 고맙다. 아마도 아들의 그 마음이 아버지를 더 오래도록 이 가게에 머물게 할 거라고 믿는다. 앞으로 10년은 걱정 없이 융태행의 월병을 맛볼 수 있겠다.

○ ○ ○ ○ ○ ○ ● ○ ○ + +
1968

SINCE 1968

WHERE 인천 중구 제물량로 190

05 '참 좋았던 그날'로 기억되는 돈가스 외식

등대경양식

서양 요리 중의 하나인 '커틀릿cutlet'은 송아지나 양, 돼지 등 육고기의 갈비에 붙은 두툼한 살코기를 망치로 두들겨 얇게 편 다음 밀가루, 달걀, 빵가루 순으로 옷을 입혀 지지듯이 구워낸 것을 가리킨다. 오스트리아의 '슈니첼Schnitzel'이 커틀릿의 뿌리라고 알려져 있는데, 버섯에 크림 또는 토마토와 양파를 졸이는 등 곁들이는 소스가 다양할 뿐만 아니라 별다른 소스 없이 레몬을 뿌리거나 잼을 발라먹기도 한다. 삶아서 으깬 형태의 감자 샐러

드나 큼직큼직하게 손질하여 푹 익힌 채소를 한 접시에 담아내는데 고기나 채소는 나이프와 포크를 이용해 '썰어' 먹는다. 이탈리아의 '코톨레타Cotoletta'와 프랑스의 '코틀레트cotelette'도 같은 맥락이다. 이 커틀릿 중에서 프랑스의 코틀레트가 메이지유신의 끝자락이었던 19세기 중후반 일본에 전해지면서 기름에 튀겨낸 고깃덩이를 적당한 크기로 자른 다음 젓가락으로 집어 소스에 '찍어' 먹는 형태의 '돈카츠豚カツ'로 개량됐다. 일본에서는 간장에 향신료를 섞은 데미글라스 소스나 영국에서 유래된 우스터 소스에 간장을 가미해 만든 소스에 고기를 찍어 먹었다. 거기에다가 밥과 일본식 된장국, 생야채를 곁들였다.

일본의 식민 지배를 받던 1920년대 후반에서 1930년대 초반에 국내로 유입되어 전후 복구가 가속화되던 1960년대 초반부터 대중화되기 시작한 우리나라의 돈가스는 서양 음식으로 인식되지만 일본의 돈카츠가 한 번 더 변형된 것으로 보는 시각이 일반적이다. 그렇지만 한국의 돈가스를 그 본고장이라 할 수 있는 서양의 커틀릿이나 장인의 솜씨로 만든다는 일본의 돈카츠가 대신할 수 있는가 묻는다면 나는 아니라고 답하리. 한국 사회에서 돈가스는 새로운 경험이자 애틋한 추억으로 회자되는 매우 '한국적'인 음식으로 거듭났기 때문이다.

일본 조계지, 시맨스 클럽 그리고 경양식집

미색 페인트가 군데군데 벗겨진 외벽이 한눈에 묵은 시간을 알아차리게 했다. 1968년에 영업을 시작한 경양식집이다. 아주 맑은 날이었고, 해가 지려면 두어 시간이나 남았지만 가게 안은 같은 모양 하나 없이 조도 낮은 조명들이 경양식집 특유의 은은하고 아늑한 분위기를 돋우고 있었다. 자리에 앉기도 전에 "오늘 칼질 한번 할까?" 했던 아빠의 목소리, 나이프와 포크를 어설프게 쥐고 "내가 자를래!" 고집 피우던 동생의 목소리, 달달한 믹스커피를 즐기지만 그날만큼은 "원두커피로 할게요." 우아하게 후식을 주문하던 엄마의 목소리가 귓가를 스쳤다.

복고 콘셉트를 차용하여 멋을 낸 곳과는 확연히 달랐다. 아무리 재주가 좋다 해도 흉내 낼 수 없는 것들이 있다. 이를테면 축적된 시간의 흔적이랄까. 일본 조계지에 회사 또는 상가 건물로 지었을 거라 추정되는 오늘날 등대경양식 건물은 해방 이후 한때 외국인 전용 유흥 주점으로 운영됐다. 벽과 천장 마감이며 스피커 등 그때의 흔적들이 군데군데 남아 있었다.

"저희 할머니께서 먼저 이 자리에서 시맨스 클럽을 운영하셨어요. 가게 건너편에 미군부대가 있었고, 횡단보도 두 개 건너면 인천항이에요. 우리나라에 들어오는 외국인 대부분이 인천항을 통해서 들어왔을 때가 있었어요. 한국인보다 외국인이 훨

〈특별한 날, 고급 레스토랑〉, 430x320mm, pen on paper, 2021

씬 많은 동네였죠. 지역적 특성상 외국인을 대상으로 가게를 하는 것이 유리하다고 생각하셨던 것이 아닐까 짐작하게 되죠."

등대경양식 대표 이오자의 설명이다. 전후 부산, 인천 등 항구 주변에는 미군과 외항선 선원 등을 대상으로 한 외국인 전용 유흥 주점의 대명사 격으로 '시맨스 클럽Seaman's Club'이 성행했다. 미국 국무부의 인가를 받아 미 해군을 비롯한 군인과 군무원, 그리고 미국 선원을 위해 편의를 제공하는 미연합선원봉사단United Seamen's Services을 '시멘스 클럽''시멘스 센터'라고 부르기도 하는데 이와는 관계가 없다. 이곳 시맨스 클럽의 본래 상호명은 '하버 라이트harbor light'였다. 주변에 이와 같은 클럽이 서너 군데 더 있어 1950~60년대 인천항 주변으로 일종의 클럽가가 형성됐다.

"천장에 실링팬을 단다고 구멍을 뚫어보니 위로 1m 20~30cm 정도 더 높아요. 복층처럼. 옛 사진을 보면 디제이 박스가 창가 모서리 2층에 있고, 그 아래 밴드가 연주하는 무대가 있었어요. 그럼 사람들이 무대를 바라보는 구도로 자리를 잡아 술도 마시고 음악도 듣고 춤도 추면서 놀았던 거죠. 할머니께서 20년 가까이 운영하셨던 것 같아요."

가게가 할머니에서 어머니로 이어지면서 하버 라이트는 등대경양식으로 바뀌었다. 1968년의 일이다. 1945년생 해방둥이로 그때 이미 결혼해 아이들을 키우고 있었던 어머니 남궁진은 돈가스, 비후가스, 햄버거, 치킨, 스테이크 등을 파는 경양식으로 업종을 바꾸었다. 당시 미군부대 안에도 경양식집이 하나 있었다. 그곳과 등대경양식 두 집 모두 장사가 잘됐다. 등대경양식의 경우 한 달에 서너 차례 미군들이 두 시간씩 가게를 통째로 빌려 식사도 하고, 회의도 하는 모임 장소로 이용했다. 개업 후 한동안은 확실히 한국 손님보다 외국인 손님 비율이 높았다.

어머니의 가게, 다른 일을 하는 게 상상이 안 되었던 아들

2015년, 어머니는 몸에 무리가 와 쓰러질 지경에 이르자 일손을 멈추셨다. 1년에 하루 이틀 쉴까 말까 한 세월을 보냈으니 무리가 가지 않았다면 그게 더 이상한 일일 거다. 오랫동안 어머니 일을 도왔던 두 누나도 지친 상태였다. 잠시 가게 문을 닫았다. 그러나 누군가는 무엇이든 결정을 내려야 했다. "제가 조금만 할게요." 아들이 나섰다. 어머니는 거듭 말렸지만 아들은 자신이 태어날 때부터 있었던, 할머니와 어머니가 꾸려온 이 집에서 다른 누군가가 다른 무엇을 한다는 걸 생각해본 적이 없다. 힘닿는 데까지 하는 것이 오히려 자연스러운 선택이었다.

아들은 가게 규모, 주변 환경, 달라진 위상을 고루 따져봤다. 인천항 일대가 인천 유일의 도심이었던 시절은 지났다. 송도, 청라 등 다수의 신도시가 형성되면서 유동 인구가 예전만 못

한 것도 가게 운영 기준을 세우는 데 영향을 미쳤다. 한편 1990년대 이후 패스트푸드 체인점이 우후죽순 생겨났고, 돈가스가 분식점의 고정 메뉴가 되는가 하면, 집에서도 손쉽게 조리해 먹을 수 있는 냉동식품으로도 소비되고 있다. 그렇기에 어머니와 누나 둘, 종업원까지 네다섯이 하던 일을 지금은 아들 혼자서 한다. 식재료 구매부터 손질, 조리 등 주방 일은 물론 손님 응대, 서빙, 청소 등 업장 운영까지 모두. 단 메뉴는 돈가스 하나로 줄였고, 하루에 스물다섯 접시만 판매한다.

어머니가 운영했을 때에는 돈가스보다 스테이크와 비후가스의 인기가 좋았다. 한국 사회에서는 오랫동안 돈가스로 상징되는 커틀릿을 서양 음식의 하나로 생각했지만 사실 서양에서는 돼지고기를 기름에 튀기는 것보다 두툼한 소고기를 굽는 방식으로 조리하는 스테이크를 선호한다. 어머니는 한우를 사용해 스테이크를 굽고, 그 고기로 비후가스를 만들 만큼 좋은 재료를 사용했다. 그런데 등대경양식에 한국 손님이 많아지면서 조리 측면에서나 가격 면에서나 여러모로 부담이 적은 돈가스 주문이 늘었다.

"어머니가 만들던 것과 똑같다고 할 순 없어요. 저는 제 입맛에 맞춰 만들죠. 고기가 얇은 것보다는 두꺼운 게 더 좋아서 두껍게 손질해요. 어머니 돈가스는 조금 더 얇았어요. 데미글라스 소스를 만들 때도 어머니는 된장을 약간 풀어 넣어 구수하게 만드셨어요. 저는 된장을 넣지 않죠. 어머니는 어머니 것이 더 낫다고 하지만 저는 제가 만든 게 더 맛있어요."

메뉴도 돈가스가 아니라 '돈조각'이라고 이름을 바꿨다. 돈가스를 영어로 포크커틀릿이라 하는데 풀이하면 말 그대로 돼지고기 조각이다. "별 뜻은 없어요. 그냥 제가 재미있는 걸 좋아해서." 부분적으로 어머니가 운영할 때와 차이가 있지만 좋은 재료를 사용해 최상의 상태로 내놓는 기준은 다르지가 않다. 아들은 도축장에 가 그날 혹은 전날 잡은 신선한 고기를 가져와 직접 손질해 하루치 25인분을 준비한다.

아들은 특정 레시피를 고수하기보다 좋은 재료로 금방 만든 음식을 보기 좋게 잘 담아내 손님들이 기분 좋게 맛볼 수 있는 환경을 더 중요하게 생각한다. 솔직히 인터넷에서 잠깐만 검색해도 세계 일류 요리사의 레시피가 그 수를 헤아리기 어려울 정도로 쏟아지는 세상이다.

"누가 1등이다, 어디가 최고다, 여기가 몇 손가락 안에 꼽히는 집이다 하는 평을 내리기보다 좀 더 다양한 맛, 다양한 음식이 공존할 수 있으면 좋겠습니다."

찰나의 사진보다는 추억으로 오래오래

이미 이름난 가게지만 아들은 유명세를 경계했다. 특히 매체에 소개가 되면 맛이 있건 없건 금세 손님이 몰리고, 대개 음식 장사를 하는 주인 마음은 손님을 놓치고 싶지 않아 줄을 세우게 마련이다. 그 상황을 유지하려면 주방에도 업장에도 일하는 사람을 더 구해야 하고, 주인은 일하는 사람 관리하기에 바빠진다. 어느 순간 손맛 좋다고 소문났던 음식은 전만 못해지더라도 맛보다 명성으로 만족하면 그만인, 이내 누가 만들어도 상관없는 음식이 된다. 이건 앞서 말한 '다양한 맛'과는 다른 '진정성' 차원의 이야기다. 하루에 스물다섯 접시만 팔아선 가게를 유지하기도 빠듯하지만 그는 입장을 바꿔 '내가 손님이라면 어떤 음식을 먹고 싶은가?' 하고 되물었다. 앞으로도 손님을 줄 세우는 일은 없을 거라고 했다. 곧이어 "모르죠. 저도 돈맛을 보고 줄을 세우게 될지."라고 덧붙였지만 적어도 아직까지는 이대로가 적당하다는 생각이다. 식당의 크기, 테이블 수, 일하는 사람, 그 사이의 빈 공간, 손님들이 만들어내는 공기의 질… 이 많은 것들이 어우러지는 지금의 자연스러움이 좋다. 결국 주인의 취향과 가치관이 가게의 인상과 성격을 결정한다.

휴대전화와 SNS 이용이 보편화된 요즘 시대엔 언제 어디서든 '나 여기 갔다 왔다' '나 무얼 먹었다' 하고 인증 사진을 찍는

일에 남녀노소가 없다. 등대경양식에 왔다가 볼멘소리를 하는 손님들이 꽤 있는데, 다 그 사진 때문이다. 기본적으로 등대경양식 내부에서는 사진 촬영을 못하게 한다.

"인터넷에 사진을 많이들 올리기도 하고, 손님들도 찾아보고 오죠. 그런데 너무 많은 것을 미리 알고 오면 재미가 없잖아요. 예고편이 재미있어서 영화를 보러 갔는데 그 예고편이 전부일 때 얼마나 허탈해요. 여행도 마찬가지죠. 미리 알고 가면 진짜 여행의 묘미를 즐길 수 없다고 봐요. 별생각 없이 들어간 식당이 기대보다 조금 더 나은 것이 많은 기대를 하고 가서 실망하는 것보다 낫다고 생각합니다."

무슨 말인지 충분히 알겠다. 휴대전화가 없던 시절에는 가족 단위의 손님들이 많았다. 특별한 날을 특별히 기념하기 위해서 집에서 가까운 경양식집을 찾았다. 1년에 한두 번이라도 해를 거듭해 찾는 이웃이 있었다. 그런 손님들은 지금도 이따금씩 찾아와 장사에 조금이라도 보탬이 되고픈 마음에 할인 혜택이 있는 지역 카드를 두고 기어이 현금을 낸다.

하지만 대개는 휴대전화로 검색해 찾아오는 손님들이다. 색다른 것을 찾고, 소문을 확인하고 싶어 한다. 그런 손님들에게 등대경양식은 분명 궁금증을 불러일으키는 곳일 거다. 외관부터 이 집의 스토리까지. 아들로서는 어머니의 인생이 고스란한 곳이니 의미가 남다르기도 하지만 오래된 경양식집을 대를 이어 운영하는 사람으로서 이 가게가 SNS 인증 사진을 찍는 곳으로 빠르게 소비되기보다 이곳에서 보낸 시간, 나누었던 이야기, 그날의 분위기가 오래도록 추억으로 되새겨지길 바란다고 했다. 아주 가끔이지만 오래 기억에 남는 손님들, 언젠가 꼭 한 번은 다시 와주었으면 하는 바람이 생길 만큼 특별한 사람들을 만나는 행복감을 느끼기도 한다.

아들은 돈가스든 뭐든 집에서 가족들이 먹을 것이라 생각해 좋은 재료로 정성 들여 만든 음식이 가장 맛있는 법이라고 했다. 다만 등대경양식이 이미 오래된 가게, 오래도록 회자되는 가게이니만큼 더욱 깔끔하게, 보이지 않는다고 함부로 하는 것 없이, 그러면서도 '나 역시 행복하게 일할 수 있는 공간'으로 운영해나갈 생각이라고. 나머지는 손님들의 몫이다.

2장

내가 만든 것으로 손해 보는 일 없도록

○ ○ ○ ○ ○ ○ ○ ● ○ + +
1976

SINCE 1976

WHERE 경북 영주시 구성로 199

06 쇳덩이 고물이 따뜻한 곡기를 만든다

영주대장간

2018년 어느 날, 글로벌 온라인 쇼핑몰 아마존닷컴 원예 부문 수공구Hand Tools 카테고리에 한국 제품이 TOP10에 올라 화제가 됐다. 영주대장간에서 제작한 호미였다. 잠깐 동안 반짝하고 만 것이 아니라 수년이 지난 지금까지 '아마존의 선택Amazon's choice' 타이틀을 달고 꾸준히 판매되고 있는 것이 고무적이다. "나는 아마존이라 캐서 저기 저 뭐야, 열대 밀림에서 우리 호미를 쓰는가 했지."라며 영주대장간 석노기 명장은 너털웃음을 터뜨렸다.

2020년 하반기부터는 미국의 창고형 대형 할인마트인 코스트코에도 입점하면서 영주의 대장장이를 찾는 곳이 부쩍 늘었다. "농사고 원예고 간에 그 사람들은 그전에 뭣으로 그걸 다 했으까 싶어. 호미하고 낫 없이는 아무것도 안 돼." 이제 와 우리 전통 농기구인 호미를 보고 놀라는 외국인들에 대해 반백 년 호미를 만들어온 어른이 되레 놀라 고개를 갸웃했다.

호미 없이 씨 못 심고 낫 없이 벼 못 벤다

단원 김홍도가 그린 풍속화 가운데 풀무에 불을 피워 달군 쇠를 망치로 내리쳐 메질하는 대장간 풍경이 떠오른다. 동서양이 크게 다르지 않았다. 김홍도와 동시대 인물로 스페인 미술을 대표하는 화가 프란시스코 고야의 작품 〈대장간La fragua〉에서도 벌겋게 단 쇳덩이를 망치로 힘껏 내리치는 대장장이의 역동적인 모습을 확인할 수 있다. 쇠를 달궈 온갖 연장을 만드는 대장간의 역사는 동서양 공히 철기시대로 거슬러 올라간다. 그때는 무기의 비중이 꽤 컸지만 오늘날까지 이어지는 대장간의 역사는 농기구를 중심으로 일상생활에 필요한 연장을 만드는 일이 절대적이다.

"젊은 사람들이 보면 옛날 얘기 하는 것 같겠지만 1970~80년대까지만 해도 대장간이 없으면 농사를 못 지었어. 당장 호미가 없으면 씨를 못 치고, 낫이 없으면 보리하고 쌀 나락을 다 뭘로 벨 거여.”

한 해 농사일을 시작하는 봄철에는 농기구를 벼려야 할 일이 많아 시골 마을을 순회하는 이동식 대장간도 심심찮게 있었다. 이제는 대장간 자체가 '오래된 풍경'으로 멀어지고 있지만….

사람 손으로 하던 농사일 상당수가 이앙기, 파종기, 이식기, 수확기, 선별기 등의 농기계로 대체됐다. 그럼에도 호미, 낫, 괭이 등의 전통 농기구는 현대식 농기계들이 훑고 간 뒤의 성긴 구석들을 메우고 있다. 사용 범위는 줄었을지언정 여전히 농부의 손이 되어주는 귀한 도구들이다. 그런데 영주대장간 석노기 명장은 이 전통 농기구 제작의 맥이 끊길지도 모른다고 걱정이 많았다. 쇠가 있고 화덕이 있고 망치가 있으면 대장장이가 뚝딱뚝딱 두드려 호미도 만들고 괭이도 만들면 되겠다 싶지만 일이 그렇게 간단하지가 않다. 호미 한 자루를 만드는 데도 김홍도의 풍속화에 나타난 것처럼 화덕에 바람을 일으키는 풀무꾼, 달군 쇠를 쇠망치로 내리치는 메질꾼, 집게를 돌리면서 원하는 형태로 쇠를 조절하는 대장장이까지 적어도 서너 사람이 힘을 합해야 한다. 처음 대장간 일을 배울 때는 풀무꾼으로 시작해 메질꾼, 대장장이로 성장하게 되는데 그 일만 있는 것도 아니다. 뒷일이 만만찮다. 또 하다 보면 두루두루 일을 익히기가 어렵다.

영
주
대
대장간
향토
뿌리
기업

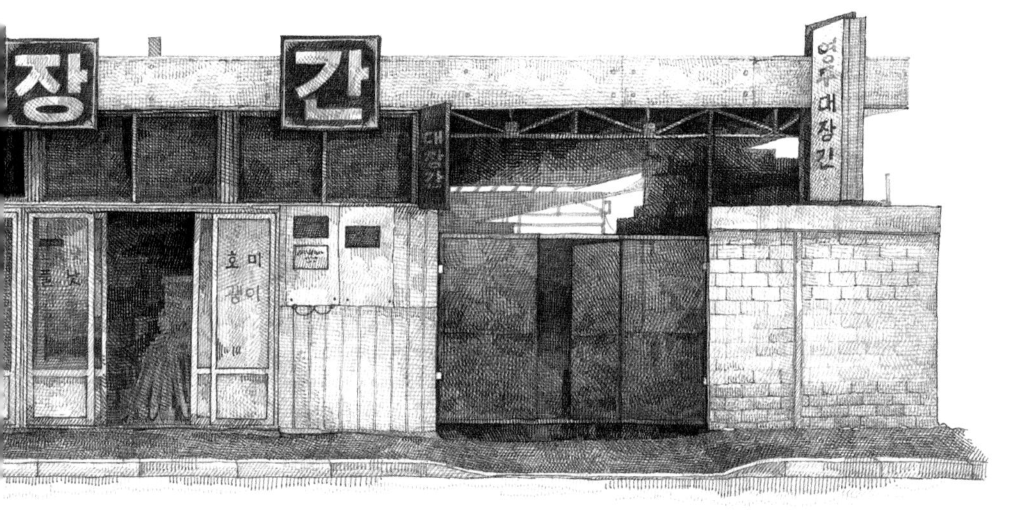

〈대장간〉, 570x250mm, pen on paper, 2021

거짓말 같겠지만 50년 대장간 일을 해도 혼자 호미 한 자루 못 만드는 이가 많다고 했다. 재단하는 사람은 재단만, 미싱을 하는 사람은 미싱만 할 줄 안다. 스스로 배우지를 않고, 대장간 주인들도 경제성을 따져 그 사람이 잘하는 것만 시키니 내 일거리가 있으면 하고 없으면 안 하는 경우가 태반이었다고. 대장간 일도 기계화가 진행되면서 사람 손을 줄여 쉽게 할 수 있는 일이 많아졌지만 전통 방식을 알아야 일의 원리와 순서를 알고 더 발전할 수 있는데, 참 아쉬운 일이라고 했다.

천 개 중에 하나가 불량이라도 사는 사람에겐 그 하나가 전부

시간을 거슬러 올라가면 그의 나이 열네 살 때부터다. 충남 논산에서 나고 자란 석 명장은 1968년 국민학교를 졸업하고 매형이 운영하던 논산의 노성대장간에서 일을 시작했다. 이후 공주, 예천 등 월급이 좀 더 낫다는 곳으로 몇 차례 옮긴 끝에 영주에 자리를 잡았다. 그리고 1976년 다섯 평짜리 창고를 얻어 독립했다. 지금의 영주대장간이다. 대장간 앞이 4차선으로 확장됐는데 당시에는 영주-안동 간 2차선 국도변이었다. 보증금 2만 원에 월 3천 원 세를 내고 대장간을 차렸다.

"우리 대장간 지붕이 제비집마냥 조각조각이여. 다섯 평에서 조금씩 늘리고 늘려서 이래 됐어." 대장간 끄트머리는 영주역

부지라고 했다. 대장간을 넓히는 과정에서 일부 철도역 부지가 포함됐는데 한동안은 서로 내 땅인지 네 땅인지도 몰랐다. 맨 검정이 묻고 요란한 소리를 내야 하는 일이니 주택가에서는 할 수가 없어 찾다 찾은 곳이 이 자리였다. "앞으로는 신작로지 뒤로는 철도역이지, 옆으로 가정집도 없었고 점포만 세 칸 정도. 누가 뭐라 말할 사람도 없고, 아주 그냥 내 자리여." 현재 철도역 부지에 해당하는 부분은 사용료를 내고 쓰고 있다.

처음에는 상호도 없이 일했다. 그때는 많은 일이 그랬다. 대장간을 차리고 몇 년 지나 세무서에 신고를 해야 된다 해서 상호를 등록한 것이 1982년 즈음이다. 그때부터 당신이 만드는 물건에 '영주대장간' 상호를 찍어 내보냈다.

어려서부터 일을 시작한 데다 매형에게서 일을 배워 다행이었다. 완전히 남의 집에 가서 일을 했으면 아무래도 좀 더 고생하지 않았겠나. 20대 비교적 젊은 나이에 자신의 대장간을 차린 것도 좋은 선택이었다. 그전에도 대장간 일은 고루 할 줄 알았지만 일꾼을 쓰면서 오히려 더 잘 알게 됐다고 한다. 일꾼 하나가 갑자기 그만두거나 자리를 비우면 그 자리를 어쩌겠는가? 손 놓고 있을 수 없으니 당신이 잘 모르는 영역이라도 얼른 배워 그 자리를 메웠다 이 말이다. 자연스럽게 대장간에서 하는 모든 전문 기술을 섭렵하게 됐다. 기술에는 다른 무엇보다 책임을 져다. 농기구의 나무 손잡이에 '영주대장간' 상호를 찍어서 내보내는 것이 그 책임의 상징이다.

"호미 천 개를 만들면 그중 한두 개 불량이 나와. 불량 확률이 1000분의 1이 나올까 말까 한데 고르고 골라도 꼭 그 하나를 골라가는 사람이 있어. 내한테는 천 개 중에 하나여도 그 사람한테는 그게 전부여. 호미도 낫도 두 개 들고 쓰는 사람은 없다고. 한 사람이 하나를 써. 그럼 그 사람은 '영주 낫 좋다고 하더니만 개코다' 하지 안 그렇겠어? 다른 데 것은 못 쓰면 그냥 버리지만 우리 집 건 다들 가져와. 내가 책임을 져. 5천 원짜리 팔아서 왕복 택배비 8천 원 더 들어도 내 물건 사는 사람은 손해 보지 않도록 해야지."

우스갯소리지만 요즘은 자연스럽게 고장 나도록 만드는 게 가장 좋은 기술이라 하지 않느냐 했더니 분야 최고의 명장으로 인정받는 대장장이는 "그러게 말여. 그런데 나는 그 기술은 없네." 하고 역시나 호탕하게 웃고 만다.

고되지만 팔자에 맞는 일

호미면 호미, 낫이면 낫, 지금은 상당 부분 일원화가 되어 있지만 모양이 다 비슷해 보여도 각도나 무게 중심이 미세하게 다르다고 했다. 과거에는 지역에 따라서도 달랐다. 다들 자기 엄마가 지어준 밥이 최고로 맛있다고 하는 것과 같은 맥락이다. 동네마다 그 동네 대장장이가 만든 농기구에 손이 길들여지는 거다.

"영주 사람 중에 안동 한번 못 가보고 죽은 사람이 많았을 기야. 우리가 씨족사회처럼 살아왔잖아. 영주 사람들은 영주 대장장이가 만든 것만 썼다고. 안동, 예천, 영주, 봉화가 백 리 안쪽인데 고을마다 호미가 다 달랐어. 지금은 많이 일원화됐고, 용도에 따라 몇 가지 구분은 하지. 또 힘센 사람은 큰 거, 힘 약한 사람은 작은 거 쓰고."

호미 하나 만드는 데 쇠가 불에 일곱 번 정도 들어간다. 불에 넣기 전 밑 작업도 꽤 많은데 먼저 호미 크기와 형태를 고려해 쇠를 마름모 모양으로 재단하고, 심배 꽂는 작업을 한다. 칼, 괭이, 호미 따위의 자루 속에 들어박히는 뾰족하고 긴 부분을 심배 또는 슴베라고 한다. 그런 후에 날을 불에 넣었다가 꺼내 두드리면서 모양을 만들고 강도를 더하는 작업을 일고여덟 번 반복하는 것이다. 녹인 쇠를 틀에 부어 찍어내는 것이 아니라 쇠를 달구어 모양을 잡으며 두드려 만드는 것이 대장간 일이다. 모든 공정을 혼자서 작업할 때 하루에 만들 수 있는 최대치가 호미 60개다.

석노기 명장은 전통 농기구 제작의 맥이 끊기는 것이 아쉬워 후계자를 찾고 있었는데 2019년 가을께 한 젊은이가 일을 배

워보고 싶다고 찾아왔다. 황덕환 씨다. 뜻은 좋지만 이 젊은이가 고된 일을 버텨내겠나 싶었다. 오래 버텨도 해가 바뀌어 여름이 되면 두 손 두 발 들고 나가겠거니 했는데 지난여름 게으름도 피우지 않고 잘 해냈다. 고마운 일인데 한편 걱정도 있다고 했다.

"내가 평생을 해도 불 달구는 저 온도가 몇 도인지 몰라. 남들은 1,000도가 되면 쇠가 어떻게 된다 만다 하는데 나는 그 온도 재는 온도계를 본 적도 없고 재어 보도 안 했고 감으로 배웠어. 쇠 색깔로 판단했지. 그리고 이 불에 달궈 나와서는 식기 전에 만져야 돼. 불에 달궈진 쇠는 기다려주지를 않아. 우물쭈물하다 보면 다 식어서 다시 불에 넣어야 하지. 손에 불이 떨어져도 그냥 툭 털고 해야지 내 손 쳐다보다가는 쇠 다 식는다고. 시간을 다투는 일이라 누굴 가르치고 할 겨를도 없고, 스스로 오래 보고 배워야 시늉이라도 할 수 있는 기술이 머리에 입력되는데…."

아들딸보다도 나이 어린 제자에게 당신이 아는 모든 것을 골고루 가르칠 수 있을까 싶었다. 그럼에도 지금으로서는 기대가 되고, 또 앞으로 잘할 것 같아 참 다행이지 싶다.

무형의 문화적 소산으로 역사적 또는 예술적 가치가 큰 것을 무형문화재로 지정하고 있다. 대장장이의 경우 몇몇 지자체에서 시도무형문화재로 지정하고 있는데 아직 국가무형문화재로 지정된 사례는 없다. 대장장이는 없으면 안 되는 귀한 직업이었지만 너무도 고된 일이라 전통 사회에서는 천한 신분이 도맡았다. 신분이 미천한 이들, 그들의 일은 역사에 기록되지 못했다. 훗날 국가무형문화재를 지정하려고 보니 그 뿌리를 찾을 수 없어 이러지도 저러지도 못하고 있는 실정이라는 이야기를 들은 적이 있다. 그런 가운데 2008년 2월 설 연휴 마지막 날, 국보 1호 숭례문에 방화로 인한 화재가 발생했다. 이후 5년여에 걸쳐 복구 사업이 진행되었고, 철물 제작에 영주대장간 석노기 명장이 일부 참여했다. 나무에 박는 대못을 제작하고 각종 연장을 수리하는 한편, 방문객들을 대상으로 전통 철물의 제작 과정을 시연했다. "옛날에는 밥 먹고 살 게 있으면 대장간 일을 안 한다 했어. 밥 못 먹어야 대장간 일을 해. 그래도 자기 팔자에 맞는 게 있나 봐." 숭례문 복원에 참여하며 대한민국 대장장이로서 할 수 있는 건 다 했지 싶어 참 뿌듯하다고 했다.

이야기를 마치고 호미 몇 자루를 샀다. 영주대장간에 간다고 하자 "내가 그분 〈아침마당〉에서 봤는데! 어머나, 거길 간다고?" 계절 따라 재미 삼아 쑥 캐고 돈나물 캐고 텃밭 일 즐기는 엄마가 반긴 곳이었다. 엄마와 딸이 풀어낼 이야기가 하나 더 생긴 것 같아 흡족한 마음으로 호미 한 꾸러미를 안고 돌아서는데, 어쩐지 엄마의 단골 가게가 될 것 같은 예감이 들었다.

○ ○ ○ ○ ○ ○ ○ ● ○ + +
1976

SINCE 1976

WHERE 경북 경주시 외동읍 입실시장길 7-6

07 입어서 기분이 좋아야 제대로 된 옷

해동라사

"아, 오셨소! 오늘 나락을 좀 실어다 놓느라고. 내 금방 갑니다이!" 수화기 너머의 카랑카랑한 목소리에 천천히 일 보고 오시라 답하고 느긋하게 기다릴 수 있었던 건 양복점 난롯가에 자리잡은 아주머니들의 이야기가 참말로 재미있었기 때문이다. 양복점 안주인과 손위 형님 그리고 이웃 아주머니들의 그날 화두는 김장이었다. 올해는 몇 포기나 담글지, 배추며 고춧가루는 어디 것이 실한지, 이런저런 이야기가 오가는 사이에 금방 먹을 김치에는 굴을 넣고, 오래 두고 먹을 김치에는 갈치를 넣으면 더 시원하고 맛깔난 김치를 맛볼 수 있다는 것도 알게 된다. "오, 그래요?" "아, 그렇구나!" 헤벌쭉 웃으며 추임새 넣는 재미가 쏠쏠하던 차에 '다라라락' 하고 양복점 미닫이문이 열렸다. 나락 일을 마치고 돌아온 양복점 어른과 안주인, 형님 부부가 둘러앉고 이웃 아주머니도 수시로 얼굴을 비추는 가운데 화두는 자연스레 50년 전 옛 양복점 이야기로 전환됐다.

손바느질한 옷을 입던 시절이 그리 옛 이야기가 아님을

끝자리가 3과 8로 끝나는 날 닷새마다 오일장이 서는 경주 외동읍 입실리에서 해동라사는 유일한 양복점이다. 장 서는 날에나 사람이 좀 붐빌까 평소에는 시장 길도 한산하고 주말이면 오가는 사람의 열에 일고여덟이 외국인 노동자들인 마을에 양복점이 있다 해서 그것도 참 놀랍다 했는데, 이곳에 1980년대까지만 하더라도 양복점이 무려 일곱 군데나 있었다고 한다.

"내가 양복 일을 배울 때만 해도 기성복이 많지 않았어요. 정장만 맞춰 입는 것이 아니라 작업복도 맞춰 입고, 교복도 맞춰 입고, 옷은 다 수작업으로 만들어 입었어요."

우리나라에 기성복이 도입된 것이 1960년대다. 디자이너 노라노가 맞춤옷을 만들며 축적된 여성들의 치수를 기성복 사

〈고급 양장점〉, 300x280mm, pen on paper, 2021

이즈로 체계화하여 자신의 이름을 건 기성복 브랜드를 출시하면서 명동에 위치한 부티크 한 층을 기성복으로 단장했다. 1966년에는 오늘날 명동 롯데백화점 자리에 있었던 미우만백화점에 국내 최초의 기성복 매장을 오픈하며 의류 산업에 반향을 일으켰다. 그 무렵 기성 양복도 생겨났지만 맞춤 양복에 비해 품질이 현격히 낮아 양복점에 그리 타격을 주지는 못했다.

바로 그 1966년은 1952년생인 이경락 해동라사 주인어른이 불과 열넷에 고향 경주를 떠나 대구의 한 방직공장에서 실꾸리 감는 일을 시작한 해이기도 하다. 꼬박 2년, 건빵 한 봉지를 물에 적셔 먹으면 그날 끼니 잘 때웠다 할 만큼 고달팠던 시절이다. 어린 아들이 타지에서 고생하는 것을 더는 보기 힘들었던 아버지께서 먼저 양복 일을 권하셨다. 성인 남성이라면 입든 안 입든 양복 한 벌은 가지고 있어야 한다는 인식이 유행처럼 번지던 때였다. 글쎄, 이 동네에 양복점이 일곱 군데나 있었다지 않나.

이경락은 양복 일로 돈을 번다거나 성공하겠다는 마음조차도 가져보질 못했다. 그저 내 일이다 하는 일을 갖게 되는 것, 그것만 생각하고 일했다. 처음 1~2년 정도는 일을 배우는 과정이라 월급은 꿈도 못 꿨다. 학교도 등록금을 내야 다닐 수 있는데 돈을 받지 않고 거저 가르쳐주는 것만도 감사하게 여겼다. 그러니 제 먹을 밥을 따로 싸 가지고 다니면서 일을 배워야 했다.

이경락은 두 분의 스승을 만났다. 아버지의 소개로 부산에서 이름난 재단사로 활약했던 신기주 어른에게 재단을 배웠다. 그리고 신기주 어른에게서 고향 친구인 이성관 어른을 소개받아 양복 일 전반을 배웠다. 지금의 해동라사는 당시 이성관 어른이 운영하던 양복점이다. 다행히 양복 일이 마음에도 맞고 손에도 맞았다. 7~8년 부지런히 익혀 혼자서도 거뜬히 양복 하나를 만들 수 있게 된 1976년, 이성관 어른이 경주 시내로 자리를 옮기면서 이경락은 해동라사를 인수받았다.

50년 세월에도 맘에 쏙 드는 옷을 만들지 못했다

맞춤옷이 낫다, 기성복이 낫다 다툴 일은 아니다. 옷은 형편에 맞게, 취향에 맞게 입는 것이다. 다만 맞춤옷의 좋은 점이라면 조직적이라는 것이다. 전통 사회에서 부녀자들이 손바느질을 해서 입은 한복이나 구한말 개화파 인사들이 입기 시작한 양복이나 원단과 공정은 조금씩 다를지 모른다. 다만 숙련된 솜씨가 있어야 몸에 꼭 맞고 태가 좋은 옷으로 완성된다는 점에서 맞춤옷은 표준화된 치수와 일정한 디자인을 바탕으로 공장에서 대량생산되는 기성복과 분명 차이가 있다.

“팔 들어가고 다리 들어가면 똑같은 거 아니냐 하겠지만 맞춤옷인지 기성복인지는 딱 보면 알아요. 옷 자체도 다르고, 입

은 태도 다르지요. 상의 만들 때 원단이 몇 조각이나 나오는 줄 압니까? 상의 108조각이라는 말이 있어요. 상의 하나를 108개나 되는 조각을 이어 붙여 완성하니 일절 엉성한 데가 없어요. 입는 사람 몸에 잘 맞아서 기분 좋게 입을 수 있어야 좋은 옷입니다."

사실 옷 한 벌을 제대로 만들려면 서너 명의 숙련된 기술자가 필요하다. 크게는 손님의 신체 크기를 측정해서 원단을 마름질하는 재단사, 재단사가 완성한 옷 조각을 재봉틀과 손바느질로 잇는 재봉사, 단추를 다는 등 마감 처리를 하는 마무리 담당이다. 규모가 큰 양복점에서는 가봉사를 두기도 했지만 대개 가봉하고 옷본을 수정하는 것까지 재단사의 몫이었다. 또 마감된 옷에 입체감을 더하는 다림질 담당을 둔 곳도 있었지만 대개는 마무리 담당이 다림질을 도맡았다. 그러나 재봉만큼은 상의와 하의 담당을 따로 두었다. 옷을 만드는 일은 상의가 훨씬 까다롭다. 대개 재봉은 바지, 조끼, 상의 순으로 배우고, 바지 담당이 조끼까지 맡는다. 이처럼 맞춤 양복은 공정 자체가 전문화, 분업화된 분야였고, 이런 체계가 고스란히 대량화된 기성 양복 시스템에 반영됐다. 지금은 오롯이 혼자 일하지만 이경락이 해동라사를 인수했을 때만 해도 이 작은 양복점에 직원이 넷이었다.

"처음에 재봉틀 두 대, 오버로크 한 대로 시작했어요. 이것만 있으면 양복을 만들 수 있어요. 바지는 하루에 석 장, 상의는 하루에 한 장씩 만들 때가 있었지. 그때는 일도 많았고, 돈도 벌어야 하니까 급하게 만들었어요. 요즘엔 옷 한 벌 완성하는 데 꼬박 닷새 정도 공을 들여요. 이제는 내 마음에 드는 옷을 만들겠다는 마음으로 하지요. 그런데 그렇게 50년 넘게 옷을 만들었는데 지금까지도 옷 만드는 건 어려워요. 내 마음에 싹 들게 다 기웠다 하는 건 드뭅니다."

교복 덕에, 이웃 덕에 지켜온 양복점

해동라사는 1980년대 초반 한 차례 자리를 옮겼다. 도시계

획으로 가게 자리에 길이 나게 됐다. 보상금을 받는다 해도 가게를 새로 꾸리는 일은 말처럼 간단하지가 않았다. 다행히 양복점 바로 맞은편 자리를 좋은 값에 구할 수 있었고, 형제들이 힘을 보태 집을 지었다. 시장 길에 면한 앞쪽은 양복점, 뒤쪽은 살림집으로 만들었다. 그때 집을 짓고 가게를 옮긴 것은 돌이켜보면 참 다행이었다. 세를 내고 양복점을 했다면 지금까지 할 수 있었을 거라 확신할 수 없다. 1983년 삼성그룹 산하의 제일모직이 '갤럭시'라는 브랜드를 만들어 고급 기성 양복을 생산하면서 맞춤 양복점의 기세가 꺾이기 시작했고, 'OO라사'라는 간판을 내건 양복점들이 하나둘 문을 닫게 됐다.

라사는 그물 라羅, 비단 사紗를 쓴다. 국립민속박물관에서 양복점을 주제로 실시한 근현대 직업인 조사의 보고서에 따르면 라사는 일제강점기에 모직과 견직물을 판매하는 가게 명칭이라고 한다. 좋은 양복점은 곧 좋은 양복지를 보유하고 있는 곳을 의미했다. 제일모직에서 원단을 테스트하고자 만든 부서를 이후 '장미라사'라는 고급 맞춤 양복점으로 운영한 것도 양복점에 라사라는 상호가 확산되는 데 큰 영향을 미쳤을 거라 짐작된다.

기성 양복에 밀려 동네에 일곱 군데나 되던 양복점 가운데 해동라사를 제외한 세 곳은 문을 닫고, 세 곳은 세탁소로 업을 바꿨다. 이경락 주인어른은 지금까지 양복점을 유지할 수 있었던 것이 교복 덕이라고 했다. 1983년부터 약 3년간 교복자율화 시절을 제외하고는 줄곧 교복 수요가 많았다.

"그러다가 2015년부터 교복을 개인이 알아서 맞추는 게 아니라 학교에서 입찰하는 제도가 생겼어요. 입찰을 뭐 어떻게 하는지 늙은 사람들이 알 수가 있나. 포기했지. 몇 년 교복을 못 만들었어요. 그런데 이웃 새댁이 어떻게 알고는 도와주겠다고 하더라고. 그래서 작년부터 다시 교복을 만들게 됐어요. 이문을 많이 남기는 일은 아닙니다. 그저 문 열어두고 일을 할 수 있으니 고맙지."

그러고 보니 해동라사 쇼윈도를 차지하고 있는 것도 양복이 아니라 인근 중학교 교복이다. 낙찰받은 수량은 1학년 입학생 수만큼인 110벌. 양복 손님은 대개 기성복으로 나오는 양복이 몸에 잘 맞지 않는 경우다. 체격이 많이 크거나 작거나 이 둘 중 하나인데 1년에 대여섯 벌, 많아도 열 벌 만들까 말까 한 것에 비하면 교복 덕에 양복점 간판을 내걸고 있다 해도 과하지 않다.

교복과 참 인연이 깊다. 일이 많거나 적거나 모교인 연안초등학교 졸업생 중에 형편이 어려운 아이에게 교복 한 벌 해주는 일을 22년째 이어오고 있다. 평소 꾸준히 참여하고 있는 로터리클럽, 자율방범대 등 봉사 활동만큼이나 보람된 일이다.

이야기를 나누던 중에 바지 무릎이 나갔다며 수선 손님이

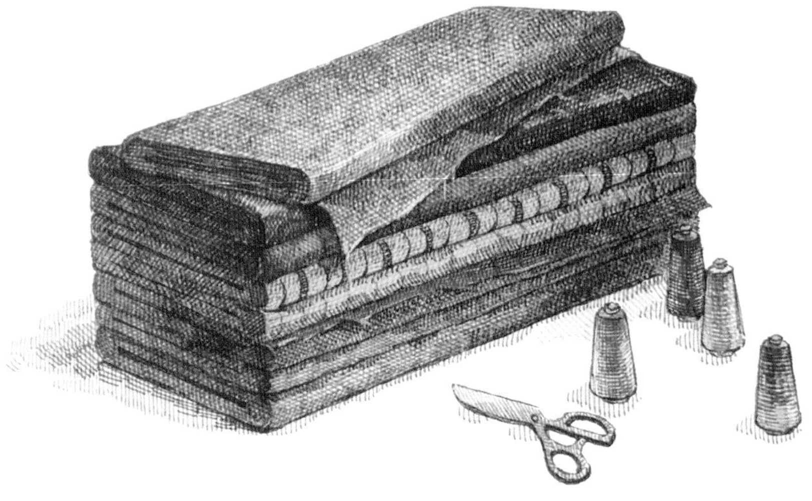

들어왔다. 수선한다는 간판이 없는데도 알음알음 수선 일감이 들어온다. 오랜 이웃과 그 이웃의 소개를 받고 오는 손님들이다. 양복점 부부가 자연스럽게 각자의 작업대로 몸을 움직였다. 틈틈이 양복 일을 익힌 안주인이 오랫동안 일손을 보태왔다. 아내가 밑단 박음질을 한 바지를 남편에게 건넨다. 구멍 난 곳에 최대한 티 안 나는 원단 조각을 찾아 깁는 솜씨에 군더더기가 없다. 재봉틀, 가위, 다리미 등 손때 묻은 도구들이 그 솜씨를 가만 지켜본다.

후계자가 있으면 좋으련만 양복점을 물려받을 사람은 없

다. 안타깝게도 양복점은 머지않아 사라질 업종이 아닐까 싶다고 했다. 외국에 유학을 다녀온 디자이너들도 많고, 그들이 차린 의상실도 많다지만 그때 그 시절 양복점과는 성격이 다르다. 사라지는 건 언제나 아쉽다. 주변에서 명장이다 뭐다 해서 신청을 해보라 권하는데 감투엔 관심이 없다. 다만 양복 일을 배우겠다는 이가 나타나면 그이는 장인이 되게끔 알고 있는 모든 것을 고스란히 일러주고픈 마음이다. 이 때문에라도 건강이 허락할 때까지 양복점 문을 열어둘 생각이다.

SINCE	1952
WHERE	충남 예산군 예산읍 천변로 159

08 국수 장막이 걷히고 뒤늦게 불러보는 커튼콜

쌍송국수

후루룩 면치기 몇 번이면 금세 비어버리는 한 그릇. 한 끼 때우기 좋은 메뉴로 익숙해진 국수다. 빨리 나오고 그보다 더 빠르게 먹을 수 있고, 무엇보다 값싸다. '국수가 국수지 뭐 그리 다를까, 얼마나 특별하겠어?' 심드렁하기 쉬운 음식인데 사진 한 장에 휘둥그레졌다. 국숫집이었다. 식당이 아니라 제면소. 국수 가락을 빨래처럼 널어 마치 블라인드를 친 듯한, 말 그대로 국숫발이 얼마나 인상적이던지.

방앗간 삯국수에서 시작된 제면 일

국수는 특별식이었다. 지금처럼 건면 국수가 없던 옛적에는 국수 한 그릇을 내려면 때때마다 곡물을 빻아야지, 반죽해야지, 면도 뽑아야지… 보통 일이 아니었을 거다. 손칼국수 만드는 수고로움을 떠올리면 자주 해먹긴 분명 힘들었을 음식이다. 그래서 뽀얗고 긴 가닥에 '오래오래 잘 살라'는 장수의 의미를 더해 결혼뿐 아니라 생일, 특히 환갑 같은 잔칫날에 국수를 상에 올리고 대접하는 풍속이 오래 이어져왔다. 국수의 기본 값은 경사스러운 잔치였단 말이다.

국수가 일상식이 된 것은 일제강점기에 제분소와 제면소가 들어서면서 건면 생산이 가능해진 것이 첫째고, 한국전쟁이 끝나고서 먹을 것이 부족했던 때에 미국에서 밀가루 원조가 시작되고 우리 정부에서 혼분식장려운동을 전개한 것이 결정적이었다. 가족 단위로 운영하는 소규모 가내 공장 형태가 많았다. 그때나 지금이나 반죽하고 면 뽑는 일은 기계가 했다. 보통 전통방식으로 국수를 생산한다고 하면 '자연 건조'를 가장 큰 특징으로 본다.

한국전쟁 이전부터 할아버지 할머니께서 고추방앗간과 떡방앗간을 운영했다. 쌍송국수 김민균 대표는 그 방앗간이 대를 이어온 제면 일의 시작이라고 했다. 방앗간 한쪽에 기계를 놓고

〈오랜 국숫집〉, 500x400mm, pen on paper, 2021

국수를 뽑았다. 밀가루 빻는 김에 국수도 눌러주는 식이었다. 당시에는 방앗간에 삯을 내고 국수 가락을 뽑아다가 집에서 말려 파는 경우가 꽤 있었다. 이렇게 방앗간에서 삯을 받고 눌러주는 국수를 삯국수라고 한다. 원래 삯국수는 면 요리를 즐겨 먹던 이북의 문화로 알려져 있다. 남쪽보다 밀농사가 잘됐지만 밀이 귀하기는 마찬가지였기에 주로 고구마나 감자 전분으로 면을 뽑았다. 고향이 평양인 할머니께선 전분을 배합하고 간을 하는 솜씨가 좋았던 모양이다. 손님들이 '평양집'이라 부른 방앗간은 국수 잘 뽑는 집으로 꽤 소문났었다.

집안에서 본격적으로 제면 일을 시작한 건 1952년경이다. 한창 전쟁 중이었지만 할아버지께선 볕이 잘 들고 바람이 잘 드나드는 데서 국수를 널어 말리는 것이 좋겠다 하여 당시 예산에서는 보기 드물었던 이층집을 지어 올렸다. 아버지는 물론 고모, 삼촌까지 자식들이 모두 집안일을 도우며 국수를 만들었다. 할아버지에서 아버지로, 아버지에서 아들 김민균 대표로 이어진 현재의 쌍송국수와 함께 이웃하고 있는 예산원조버들국수, 예산전통국수 등 예산에서 이름난 제면소는 뿌리가 같다. 지금이야 저마다 상호명이 있지만 '예산 국수'하면 이 집안에서 만드는 국수와 등호였다.

자연 건조의 전통은 추억 속 장면이 되고

실은 국수 장막이 보고파 조바심을 내며 쌍송국수 가게 앞으로 달려갔을 때 처음 사진을 보고 놀란 것 이상으로 휘둥그레졌다. 가게가 텅 비어 있었기 때문이다. 국숫발 장관은 2018년 봄에서 여름으로 넘어가던 즈음이 마지막이었다. 가게는 걸어서 5분 남짓 백종원 국밥거리 맞은편으로 이전해 있었다.

할아버지께서 짓고 아버지께서 이어받았던 옛 가게에서처럼 1층에서 국수를 뽑고 2층에서 면을 말리는 구조는 그대로라고 했다. 밀가루에 전분가루, 소금, 물을 배합하는 원재료 구성도 같은데, 건조 방식을 현대화했다. 볼거리는 둘째 치고 3대째 전통 방식으로 국수를 뽑는다고 알려진 곳이라 현재의 변화가 아쉬운 것을 숨기지 못하겠다. 그런데 이유를 듣고서는 뭐라 이야기를 이어나가면 좋을지 몰라 잠시 머뭇했다.

미세먼지, 황사 등 공기 질이 예전만 못한 시대다. 도로에 면해 있는 70년도 더 된 오래된 가게 또한 최상의 환경이라 할 수는 없겠다. 예산군에서 먼저 자연 건조에 대한 우려를 표하며 조심스레 생산 공정의 전환을 권했단다.

"지금도 얼마든 옛 가게에서 국수 뽑고 자연 건조로 국수를 생산할 수 있어요. 월세도 계속 내고 있고요." 할아버지 건강이 악화되면서 옛 가게를 판 지 꽤 오래되었다. 그러나 지금의 쌍송국수 건물을 지은 김민균 대표의 아버지께선 돌아가실 때까지 세를 내며 옛 가게에서 일하셨다. 가게를 이전하고 더 이상 자연 건조를 하지 않는데도 김민균 대표 역시 여전히 세를 내면서까지 옛 가게에서 쌍송국수 간판을 내리지 않고 있다. 그 마음은 몇 문장으로 갈무리할 수 있는 일이 아닐 거다.

자신 있었다, 그러나 욕심내지는 않아

자연 건조를 하지 않아도 날씨는 여전히 큰 변수다. 덥고 습할 땐 면발이 늘어진다. 자연 건조를 하지 않으면서 발생한 면발의 차이도 무시할 수 없겠다. 이는 때마다 상황에 맞게 반죽의 염도와 반죽 후 압면하는 강도를 조절하는 까닭이다. 아버지는 매일 점심 국수를 드시며 면을 점검하셨다. 김민균 대표 역시 자주 국수를 삶는다. 기계장치로 습도며 온도며 다 조절이 된다지만 확실히 신경이 쓰이는 날이 있다. 그럴 때는 먹어봐야 안심이 된다.

아버지 대의 쌍송국수는 중면을 고집했다. 원래 우리네 국수는 중면 또는 대면에 가깝다. 공장에서 대량생산을 하면서 재료의 품질, 배합과 기술의 노하우 등의 차이로 면발에 찰기가 부족한 것을 상쇄하고자 가느다랗게 만들어 판 것이 오늘날의 소면이다. 김민균 대표가 가업을 이으면서 쌍송국수에서도 소면,

대면, 칼국수, 메밀면 등 소비자의 입맛과 트렌드를 고려한 다양한 국수를 선보이고 있다. 그럼에도 손님들이 가장 많이 찾는 것은 중면이라고. 가게 자리가 바뀌고 건조 방식이 바뀌었지만 식감과 맛에는 변함이 없음을 방증하는 것이 아닐까?

김민균 대표는 처음 일을 시작할 때 세운 목표가 있다고 했다. "주5일제로 일하자!" 10년을 내다보며 이뤄내겠다 한 것은 이 하나였다고 했다. 이른 아침부터 늦은 밤까지 종일 국수에 매달려야 했던 부모님은 외아들에게 늘 그리운 존재였다. "자신 있었어요." 귓등으로도 남의 말을 안 듣는 아버지께 가게 일을 시작하기 전에도 숱하게 의견을 내곤 했던 그였다.

사실 쌍송국수의 제품 포장을 보고 적잖이 놀랐다. 상호 하나 인쇄하지 않고 하얀 종이로 국수 면을 감싼 것이 전부다. 레트로니 뉴트로니 하는 트렌드에 맞춰 브랜딩에 힘을 쏟을 법도 한데 말이다. 그런가 하면 식당을 차려서 국수를 내면 훨씬 더 장사가 잘되지 않겠냐는 질문에도 손사래를 친다. 질문도 당연한 듯하지만 고개를 젓는 이유도 당연했다. "요리하는 사람이 아니니까요." 덧붙이길 "저는 저대로 좋은 재료로 최선을 다해 만들지만 사실 국수는 삶는 사람이 정성껏 잘 삶아야 맛있어요." 곧 10주년인데 주5일제 목표는 달성할 수 있을 것 같다고 했다. 현재는 격주로 주5일 일한다. 다음 목표는 유통이다. 넘어야 할

산이 많다고 했지만 걱정이나 푸념으로 느껴지지 않았다.

쌍송국수 중면을 세 묶음 사 집으로 돌아가는 길에 아직 삶지도 않은 국수를 이미 한 그릇 들이켠 듯 든든했는데, 이내 조바심이 나 얼른 발걸음을 재촉했다. 계란프라이를 자신 있는 요리에 포함시킬 정도로 요리엔 영 소질이 없지만 얼른 이 국수를 삶아보고 싶어서.

SINCE 1923

WHERE 충남 논산시 양촌면 매죽헌로1665번길 14-9

09 허기 채우고 시름 덜어주던 술에서 골라 마시는 술로

양촌양조장

먹다 말다 하던 쌀에 벌레가 일었는데 버리기는 아깝고 밥해 먹기는 꺼림칙하고. 그때 생각해낸 것이 막걸리였다. 시장에서 메주 닮은 누룩을 사다가 곱게 부셔 고들고들하게 지어 식힌 쌀밥과 1:1 비율로 버무린 다음 자작하게 생수를 붓는다. 그러고는 열흘 동안 아침에 한 번, 저녁에 한 번 휘휘 저어주는 것이 전부. 이게 발효가 되는 건지 망한 건지 잘 모르겠다 싶은 4일차 즈음, 술통 안을 젓는 순간 청량하게 기포가 터지는 소리를 듣게 된다

면 남은 건 앞으로 일주일가량 더 기다리는 일뿐이다.

우리나라에 집에서 술을 빚는 가양주 문화가 꽃핀 때는 조선시대. 양반들은 저들대로 제사와 차례를 중요시한 유교 풍습과 집안 대소사 등 손님을 대접하는 생활 문화에서 술을 올려 예를 갖췄고, 서민들에게는 고된 농사일에서 허기를 채우고 시름은 덜어주는 벗으로 술만 한 것이 없었다. 그러다 1909년 주세법 제정, 1916년 주세령 시행으로 이어진 일제의 강한 규제와 단속으로 가양주는 숨어 빚는 술이 되었고, 술은 대부분 양조장에서 생산하기 시작했다. 가양주가 법적으로 가능해진 것은 1995년에 이르러서다. 그때부터 판매 목적이 아니라면 면허 없이 집에서도 술을 빚어 마실 수 있게 주세법이 개정되었다.

막걸리 주조만을 위해 지은 집

소화 6년 신미 6월 초9일昭和六年辛未六月初九日. 양촌양조장 천장 대들보에 기록된 상량문이다. 이동중 대표의 할아버지 이종진 어른께서 가내 주조를 하다가 1923년 양조장을 설립했고, 이후 막걸리 주조만을 위한 전용 양조장으로 건물을 설계해 상량한 것이 1931년의 일이다. 소화 6년이 1931년이다. 국립민속박물관에서 진행한 '양조장과 술 문화' 조사에 따르면 당진 신평양조장, 괴산 목도양조장과 더불어 당시 일본이 설립과 운영에 관여하지

〈술 빚는 자리〉, 450x300mm, pen on paper, 2021

않고 순수 민족자본으로만 설립되어 현재까지 한 집안으로 전승되어 온 대표적인 양조장이 바로 이곳, 논산 양촌양조장이다.

두 개의 건물이 붙어 있나 하는 생각이 든 것은 양조장을 마주했을 때 출입문을 중심으로 발효실과 냉각실이 위치한 왼편의 지붕이 사무실이 있는 오른편보다 낮아서다. 층고에 차이가 있다 해도 밖에서 보면 이쪽이나 저쪽이나 단층으로 보이는데 안으로 들어서면 오히려 층고가 낮은 건물 왼편이 반지하와 반2층의 복층 구조인 것도 독특하다. 술이 잘 익는 데는 발효가 중요한데 이 발효는 온도에 민감하다. 발효실을 반지하에 배치한 것은 날씨나 계절에 따른 온도차를 최소화하기 위해서였다. 한편 냉각실은 술밥을 넓게 펴 식히는 공간으로 통풍이 잘 되도록 층고를 높게 잡았다.

"옛 방식 그대로 술을 빚느냐? 그렇다고 답한다면 그건 거짓말이에요." 3대째 이어온 가업이지만 시대가 변하고 환경이 달라지면서 사회가 요구하는 기준에 맞춰 바삐 움직여야 했다. 트렌드 이전에 주세법, 식품위생법 등 관련 법규를 따르는 것이 우선이었다. 원료, 제조 방식, 판매는 물론 제조 환경에도 변화가 필요했다. 몇 차례 내부 시설을 수리하고 국실과 창고 등을 증축했다. 그럼에도 외관과 내부 구조는 원형을 유지하는 것을 전제로 했기에, 자연에 최대한 유리한 조건을 고려해 전통 한옥 양식을 접목한 옛 양조장의 면면이 고스란히 남을 수 있었다.

'힙지로'에서도 찾는 막걸리가 되기까지

전통적으로 우리 술은 쌀로 빚었는데, 전후에 식량 부족 상태가 길어지자 정부는 1966년 쌀을 이용한 주조를 전면 금지했고 이로 인해 막걸리의 원료는 밀가루로 대체됐다. 밀말걸리는 쌀막걸리보다 주질이 떨어졌다. '막걸리는 텁텁하고 마신 다음 날 머리가 아프다'는 속설이 나오기 시작한 때가 이 무렵이다. 1970~80년대에는 냉장 시설과 운반 시설도 열악했고, 지금처럼 병입 시스템이 갖춰지지 않았던 때라 유통 과정에서 변질되는 경우도 많았다. 그러는 사이 소비자들은 형편에 맞게 입맛에 맞게 저마다의 주종으로 소주나 맥주, 양주를 택했다.

1990년부터 막걸리 원료로 쌀 사용이 가능해지고 그 밖의 원료 사용도 점차 자유로워지면서 품질도 좋고 입맛도 사로잡는 막걸리들이 속속 등장했다. 막걸리의 맛과 향은 원료는 물론 발효 온도와 기간, 발효제에 따라 달라진다. 차별화된 한 수가 필요했다. 현재 양촌양조장에서는 4종의 막걸리와 1종의 청주를 생산한다. '양촌 생막걸리'와 '양촌 생동동주'가 오랫동안 지역민에게 사랑받아 온 일반 탁주라면, '양촌 우렁이쌀 손막걸리' '양촌 우렁이쌀 손막걸리 드라이' '양촌 우렁이쌀 청주'는 이동중 대표가 산학협동, 기술협력 등 부단한 연구 개발을 추진해 완성한 프리미엄 주종이다. 원료는 인근 은진면에서 우렁이 농법

으로 재배한 무농약 햅쌀과 찹쌀을 사용한다. 특히 '양촌 우렁이쌀 손막걸리 드라이'와 '양촌 우렁이쌀 청주'는 무감미료 주종이다. 지역에서 나는 좋은 식재료에 기술력이 더해져 믿고 마시는 술이 탄생한 것인데, 2020년 '대한민국 주류 대상' 탁주와 청주 부분에서 모두 대상을 받으며 자화자찬이 아님을 증명했다.

한편 품질이 좋아져도 '막걸리는 촌스럽다'는 이미지가 여전히 강했다. 이동중 대표는 제품 디자인에도 변화를 줬다. '양촌 생막걸리'와 '양촌 생동동주'의 라벨은 '양촌' 한글 두 자를 사람 실루엣으로 형상화한 캘리그래피로 디자인했다. 술을 나눠 마시고 흥에 겨운 사람이 연상되는데, 2014년 세계적 권위의 디자인상인 '레드닷 디자인 어워드'에서 제품 디자인 부문의 상을 받으며 업계에서 화제가 됐다.

2001년부터 막걸리의 판매 지역 제한이 풀린 것도 양조장엔 좋은 기회가 됐다. 그전까지는 양촌양조장의 술도 오랫동안 인근 읍면, 조금 확대된 후에도 군 단위로만 판매됐다. 이제는 '힙지로'라고 불릴 만큼 인기 있는 상권이 된 을지로의 유명 막걸리 주점은 물론이고 전통주 큐레이션 서비스, 백화점, 택배 주문 등 다양한 경로로 양촌의 술맛을 음미할 수 있다. "농주로 먹었던 막걸리가 생활 여건이 바뀌면서 이제 젊은 사람들이 찾아 마시고 골라 마시는 술이 되었어요." 100년 전통의 양조장이 계속해서 변화를 모색하는 이유다.

생활사박물관에 버금가는 '찾아가는 양조장'

이동중 대표는 어려서부터 줄곧 농촌에서 살고 싶었다고 했다. 충남대 농과대학에 진학해 공부했고, 과수원을 운영하면서 집안 농사일을 도왔다. 양조장을 맡을 생각은 해본 적 없지만 자연스럽게 자신의 몫이 됐다. "젊어서는 할 일이 아니라고 생각했는데, 이제 좀 술 빚는 재미를 알 것 같아요." 생각해보면 신기한 일이다. 쌀이 눈에 보이지 않는 미생물을 만나 향도 나고 맛도 좋은 술로 익으니 말이다. 잠이 깬 새벽녘이면 다시 잠을 청하는 대신 가만히 일어나 발효되고 있는 술을 한입 머금어본다. 입이 말라 있는 그때 맛보는 술맛이 가장 정확하다. 혀끝 감각보다는 머금었을 때 향이 확 퍼져야 잘된 술이라 한다. "발효가 잘된 막걸리에서는 은은한 바닐라향이 나요. 사과향과도 비슷하고요." 최근에는 청량감을 좋아하는 소비층을 위해 별도로 탄산을 주입하기도 하지만 막걸리 특유의 탄산은 발효 과정에서 생겨나는 것으로 톡 쏘기보다는 자연스러운 것이 좋다. 사실 탄산이 강한 것은 발효가 덜된 혹은 발효를 덜 시킨 것이라고.

양조장 안뜰에는 과거 술을 빚을 때 사용했던 도구들이 그득하다. 술 항아리며, 누룩틀이며, 더는 쓸모가 없지만 차마 버릴 수 없는 것들이다. 덕분에 양조장은 생활사박물관에 버금가는 공간이 됐고, 2016년 농림축산식품부 주관의 '찾아가는 양조장'으로 지정되면서 더욱 빛을 발하게 됐다.

오늘 하루만도 양조장 문을 열고 들어오는 낯선 얼굴이 적지 않다. 이동중 대표에겐 배웅과 마중이 겹치기 일쑤다. 수없이 되풀이하는 일일 텐데 그는 말간 표정으로 이야기를 이어나간다. 닮았다. 술 빚는 사람과 그 사람이 빚어온 술이. 그 은은한 기운에 멀리서 고개인사를 몇 번 더 하고야 돌아설 수 있었다.

1959

SINCE 1959

WHERE 전남 보성군 벌교읍 태백산맥길 25

10 시간이 지나도 뒤틀리지 않는 나뭇결처럼

삼화목공소

벌교, 퍼뜩 떠오른 것은 꼬막 그리고 『태백산맥』이었다. 여자만의 바닷물이 낙안으로 흘러드는 길목의 작은 포구 마을 벌교는 예부터 수랏상에 올라가는 별미인 꼬막의 고장으로 제법 이름 났지만 일제의 수탈 기지가 되면서 육로, 수로, 철로의 구분 없이 물자와 사람들이 드나들며 비로소 크게 흥했다. 이재에 밝은 동네가 되었으니 말도 많고 탈도 많고, 덩달아 힘깨나 쓰는 '주먹'들도 많아졌다. 그럼에도 세상이 잘못 돌아가는 꼴은 눈 뜨고 볼 수 없다며, 저마다의 기준에서 의로운 이들 또한 많은 동네였다. 작가 조정래는 해방 이후 좌익과 우익의 팽팽한 대립 속에서 여순사건이 일어난 1948년 10월의 벌교를 시공간으로 삼아 『태백산맥』의 서사를 전개했다. '벌교에서 주먹 자랑 마라'와 같이 우리들 머릿속에 그리고 있는 벌교의 이미지는 상당 부분이 이 『태백산맥』에서 비롯되었다 해도 과하지 않은데, 벌교읍 한가운데서 반세기가 넘는 세월을 목수로 살아온 '왕 목수' 왕봉민은 "그래도 사람 사는 데는 다 마찬가지여." 하고 호탕하게 웃었다.

풍구, 쟁기, 문짝을 만들던 오래된 목공소

벌교와 목공소 사이에 애써 접점을 찾으려다가 이내 부질없음을 알아챘다. 시절에 휩쓸려 사라지지 않고 묵묵히 제자리에 뿌리 내린 삶, 그것으로 충분하다. 제철 꼬막 맛에 반해서든 『태백산맥』의 기운에 이끌려서든 벌교를 찾은 이들 가운데 눈썰미 좋은 사람들이 이 오래된 목공소를 먼저 알아봤다. 1959년에 문을 연 삼화목공소. 기와를 인 한옥에 미세기문을 달아 여닫을 때마다 나무 문틀이 삐거덕 소리를 내는 목공소는 그 자체로 오롯하다.

삼화목공소의 목수 왕봉민은 어머니 뱃속에 있을 때부터 목수 일을 했다고 이야기를 시작했다. 농사짓는 집 막둥이로 태어난 아버지 왕재한은 농사보다는 목수 일에 소질이 있어 젊어서부터 집 짓는 일을 했고, 가계에 보탬이 되고자 만주까지 가 건축 일을 했다. 나무를 다루는 재주가 좋았던 왕재한이 온전히 자신의 목공소를 차린 것은 1959년 4월, 아들 봉민이 열 살 되던 해다. 풍구, 쟁기, 문짝, 이 세 가지를 한다고 석 삼三 자에 화할 화和 자를 써 삼화목공소 간판을 내걸었다.

문짝은 알겠는데 풍구와 쟁기는 좀 낯설다. 풍구는 흡사 물레방아처럼 생겼다. 한쪽에 큰 바람구멍을 내 둥근 바퀴를 돌리면 곡물에 섞인 쭉정이나 먼지 따위가 날려 낟알을 가려낼 수 있게 고안한 전통 농기구다. 쟁기 역시 소에 멍에를 걸어 논밭을 갈 때 사용한 옛 농기구다.

"아버지가 하실 때는 우리나라가 산업사회에 들어가기 전이었제. 기계라는 것 없이 전부 수작업이고, 뭘 만들어도 나무로 많이 만들었어. 신식 농기구들이 나오면서 쟁기는 70년대에 끊어졌고, 풍구도 그만둔 지가 30년쯤 되었나. 그래도 풍구는 한 번씩 달라는 사람들이 있어. 지금도 산골에서는 그것을 쓰는 사람들이 있제. 조금씩 농사짓는 사람들한테는 그것이 쓸모가 있다고."

봉민은 7남매 중에서도 유독 아버지 말씀을 잘 따르는 자식이었다. 조그마한 녀석이 학교에 다녀와서는 구석구석 청소를 도맡고 심부름도 곧잘 했다. 그런 아들을 대견하게도, 안쓰럽게도

삼화목공소

〈우리 동네 목공소〉, 430x300mm, pen on paper, 2021

생각했던 아버지는 또래보다 학교에 늦게 들어가 열여섯에야 중학교 진학을 하게 된 봉민의 손을 잡고 "네가 목공소 일을 했으면 좋겠다." 하고 속엣말을 꺼냈다. 공부를 제법 했던 봉민은 답을 않고 몇 날 며칠을 보냈다. "어렸어도 자존심이 있잖여요." 더 이상 학교에 다닐 수 없다는 것을 받아들이는 데는 시간이 필요했다. 결국 봉민은 중학교 진학을 포기하고 목수 일을 업으로 삼았다.

왕 목수는 그때 아버지께 제대로 배웠어야 했는데 언젠가는 다른 것을 해보겠다는 생각에 완전히 목공소에 안착하진 못한 것이 내내 후회스럽다고 했다. 그의 나이 스물다섯에 갑작스레 아버지를 여의게 됐다. 망설이고 또 망설이다 때를 놓쳐버렸다. 그제야 목공소에 눌러앉았다. 아버지께서 하시던 것을 기억해내고 연구하는 것이 하루하루 그의 생활이 됐다.

문짝에서 만물로, 품목은 달라져도 장인정신은 그대로

"1970년에 새마을사업이 시작되면서 전통가옥을 없애고 신식 주택을 많이 지었어. 신식이라 해도 지금처럼 샷시가 나오는 것은 아니고 전부 나무로 지었제. 그때 밤새워 문짝을 짰어. 1970년대에 벌교 인구가 5만이나 돼서 시로 승격한다고 준비위원회가 생기고 그랬는디 그때 영농사회에서 산업사회로 바뀌기 시작해부렀네. 목공소가 여섯 군데나 있었는디 이제 나하고 아버지 문하생이셨던 한 분하고 그렇게 두 군데만 남았어. 요새는 문짝이 중국에서 들어와. 치수를 팩스로 보내면 금방 만들어 와분다. 국내에도 굵직한 기업들이 있고. 여그서는 이제 이삭줍기만 해먹제."

문짝으로 일은 해도 용돈은 못 만들어 쓴다고 했지만 그렇다고 일이 줄진 않았다. 왕 목수의 표현을 빌리자면, 이제 목공으로 만물을 만든다. 손님이 원하는 것이라면 무엇이든 만들어 주는 시대, 달리 말해 '주문 제작'의 시대로 접어들었다. 재료부터 디자인까지 원하는 것이 다 제각각이다. 나무를 직접 구해다 오는 손님도 있다. 문짝을 만들 때보다 머리가 조금 복잡해지긴 해도 일하는 재미가 있다. 이렇게 분위기가 바뀐 것은 10년 남짓 되었다. 한동안은 편백나무 침대가 인기 있었다. 벌교에 여행 왔다가 기념품을 하나 가지고 가고픈 사람들이 수시로 청해 요즘엔 원목 도마도 만드는데, 그것은 그저 재미다. 돈을 벌려고 들면 몸이 모자라서 아니 된다고 했다.

새것을 만들기만 하는 것이 아니라 손봐서 계속 써야 할 것들도 많다. '고칠 것 있으면 거기 가면 된다' 하는 소문을 듣고 멀리서 찾아오는 손님들이 있다. 왕 목수는 저마다의 상황과 사정을 살펴 알맞은 재료를 택하고 일의 순서를 잡는다. 마침 작업장에 오래되었지만 탄탄한 문짝 몇 폭이 세워져 있었는데, 아버지께서 1952년 당신 큰형님 집을 지을 때 짜 맞추었던 것을 근래 수리를 하면서 떼어 왔다고 했다. 좋은 재료로 잘 만든 목물은 세월을 먹어도 틀어진 구석 없이 짱짱해 조금만 손보면 오래오래 제 쓸모를 한다. 그러니 목수는 잘도 만들어야 하겠지만 숨어 있는 나무의 성질까지 볼 수 있어야 한다.

목공소 한쪽에는 왕재한 어른께서 생전에 직접 만들어 사용한 옛 도구들도 가지런했다. 대패, 각도기, 또 특별한 명칭은 없지만 드릴이 없던 시절에 그 용도로 사용했던 것까지, 화재로 '불맛'을 봐 그을고 녹슨 부분이 있지만 대번에 요즘 도구들과는 다른 '손맛'이 느껴졌다. 효율성, 정확도 면에서는 요즘 목공구들이 훨씬 낫다지만 그 근간이 바로 옛 목수들이 궁리해 만든 연장들이다.

"내가 잘 간수를 못해서 다 없어져버리고 요것들만 남았어. 기가 막힌 것들이 많았는디…. 있어도 사용이야 못하지만 선친의 땀이 배고, 혼이 배어 있는 것인디. 이 연장을 손수 만들 줄 안다는 게 대단한 거여. 옛날에는 정말 장인정신을 가지고들 일을 했어. 그러니 볼 줄 아는 사람이 집어간 거여. 나는 우리 아버지를 못 따라가제."

시절 시절이 아로새겨진 집

삼화목공소는 보성여관 앞쪽에 있다가 1964년부터 1974년까지는 오늘날 보성여관 영업 카운터 자리로 옮겨 운영했다. 현재 목

공소 자리로 이전한 것은 1974년 12월 31일. 딱 그날로부터 1세대 1주택, 양도소득세 등의 조세정책이 도입된 덕분이다. 이 집주인과 평소 거래도 하며 알고 지낸 사이였는데 이 집 외에도 가진 것이 더 있었던 그이가 성실히 일하던 왕 목수를 눈여겨보고 좋은 가격에 집을 내줬다. 천장을 올려다보면 '소화 16년 12월 27일'이라고 쓴 상량문을 확인할 수 있다. 일제 때인 1941년에 지은 집이다.

"나 어렸을 적에 우리 큰집 지을 때도 보면 황토하고 물하고 짚을 발로 짓이겨서 둥글게 모양을 잡아 지붕에 던져 올려주고 한 것을 본 기억이 있제. 그렇게 지붕을 엮고 기와를 얹어. 지금은 개판이라고 해서 판자로 천장 마감을 하는데 옛날에는 나무가 귀한 시절이라 그대로 놔뒀어. 이 집도 그렇게 지었을 것인디 본래는 둥글목을 대야 이 지붕을 지탱하는데 아주 얄팍한 나

무를 써서 하중을 못 견디고 부러지기도 하고 그랬다고.”

1981년 태풍 아그네스 영향으로 수재를 겪으며 집이 많이 약해졌다. 이후 집을 탄탄히 지탱하도록 철근을 대고 지붕 기와도 교체했다. 문도 새시로 바꿔 달았다. 그런데 『태백산맥』이 출간되고 점차 벌교가 알려지면서 1990년대부터 관광객이 부쩍 늘더라고. 그때만 해도 벌교에 딱히 볼거리가 없었다. 태백산맥 문학관이 개관한 해가 2008년, 보성여관이 옛 모습을 되살려 단장한 것도 2012년이다. 왕 목수는 이래선 안 되겠다 싶어 자기 돈 들여 단 새시를 다 떼어내고 『태백산맥』에 나올 법한 옛 상점처럼 미세기문을 달았다. 지금으로부터 20여 년 전의 일이다. 그때 이미 목공소가 많이들 사라지고 있던 때라 관광객들이 지나가다 신기하게 들여다보곤 했다. 이후 보성 군수가 그 모습을 보고 '이 거리는 이게 답이다' 해서 삼화목공소를 참고하여 주변 가게의 출입구를 목조의 미세기로 전면 교체하는 정비 사업을 진행했다. 삼화목공소가 위치한 태백산맥길 상점가가 흑백 영상에 어울리는 분위기로 탈바꿈하게 된 배경이다. 왕 목수는 집집마다 특색이 있어야 하는데 모두 똑같이 단장한 것이 조금 아쉽긴 하지만 이 정도만 해도 훨씬 나은 거 아니겠냐고 뿌듯해했다.

조금 손을 보긴 했지만 구조와 기본 틀은 1941년 건축 당시 그대로인 삼화목공소를 최근 지역 문화재로 연구를 한다고 군에서 나와 이것저것 조사를 해갔다. 그것이 잘 정리가 되어 보존 결정이 나면 왕 목수가 더 이상 일할 수 없게 되더라도 목공소는 오래도록 이 자리에 남게 될지 모르겠다. 왕 목수는 오래 살고 보니 돈을 많이 벌거나 세상에 널리 이름 떨치는 것도 성공이겠지만 이렇게 후손들에게 보여줄 것을 남기는 것도 성공한 삶이 아닌가 싶다고 했다. 아무렴요. 부디 시절 시절이 아로새겨진 이 오래된 목공소가 시간이 지나도 뒤틀리지 않는 나뭇결처럼 유려하면서도 올곧게 더 오래도록 제자리를 지킬 수 있기를.

3장

오가는 이웃들을 위해 오늘도 문 열었습니다

○ ○ ○ ○ ○ ○ ○ ○ ● + +
1988

SINCE	1988
WHERE	제주 서귀포시 대정읍 상모대서로 39

11 열린 문 사이로 스미는 볕과 같이

길벗열쇠

우리 속담에 '말은 나면 제주도로 보내고 사람은 나면 서울로 보내라'고 했건만 내게는 스물이 되던 해 모로 가도 서울만 가면 된다던 조류를 거슬러 제주로 유학을 떠난 청개구리 전력이 있다. 당시 나는 주택 귀퉁이의 방을 안채와 분리하고 외벽에 보조 주방과 다용도실 역할을 하는 '물부엌'을 단 다음 별도의 출입구를 내어 세를 놓았던 제주 특유의 연세年貰 집을 얻었다. 물부엌 안쪽에 샤워를 할 수 있는 수도 시설은 갖췄지만 화장실은 집 밖 화단에 설치되어 있었던 집에서의 첫 제주살이는 단숨에 독립을 실감케 했다. 크게 불편함을 느끼지는 못했는데 좀 무섭기는 했다. 현관문이고 방문이고 창문이고 덜컹덜컹 몇 번 흔들어대면 금세 문짝을 떼어낼 수 있을 것 같았으니까. 대문도 열쇠가 있긴 했지만 대체로 열어두었다가 주인어른께서 취침 전에야 잠갔고, 그나마도 열쇠를 늘 담장 위에 올려두었던 걸로 기억한다. 어느 시절 옛이야기인가 싶겠지만 2000년대 초반의 일이다. 요즘에 짓는 집이야 도어록에 스마트키 시스템까지 최첨단의 잠금장치를 설치하지만 돌담을 두른 제주의 민가 상당수는 여전히 이렇다 할 대문도 없이 올레로 연결된다. 전통적으로 제주는 문을 걸어 잠그는 문화가 아니었단 말씀. 그래서 제주 모슬포에 업력 30년이 넘는 오래된 열쇠 가게가 있다는 이야기를 듣고는 몹시도 궁금해졌다.

막일꾼에서 양화점 주인 그리고 열쇠 기술자로

모슬포는 가파도와 마라도행 여객선이 입출항하여 제주 관광객들에게도 익숙한 포구다. 대정읍 상모리와 하모리가 모슬포 생활권으로, 길벗열쇠는 모슬포로 진입하는 교차로 근처에 간판을 내걸고 있다. 지금의 가게 자리로 이사 온 것은 1993년, 모슬포에 자리 잡은 것은 1988년, 그전에는 남원에서 3년여 양화점을 운영했다. 길벗양화점이라는 이름으로.

제주 토박이겠거니 했는데 길벗열쇠의 엄기남 어른은 전북 고창에서 나고 자란 육지 사람이었다. 스물셋 청년이었던 1971년 처음 제주에 왔다. 1970년 새마을운동이 진행될 때 도로 공사 현장에서 1년 남짓 감독관 생활을 했지만 공사가 끝나자 일자리가 마땅치 않았다. 그러던 차에 중학교 동창생이 제주에 있다는 소식을 듣고 '놀러나 가자' 하고는 배에 올랐다. 말이 그렇지 놀 형편도, 놀 사람도 아니었다. 시장에서 화장품 대리점을 운영했던 친구의 형님을 통해 일자리를 구했다. 계란이며 소주 등을 나르는 배달 일부터 시작해 공장에도 다녀보고, 막일꾼으로 보낸 세월도 짧지 않았다. 그러는 동안 뜻하지 않게 병역기피자가 되어 있었다. 고향에 가 늦게나마 방위병으로 18개월을 복무하고 1980년대 초반 다시 제주에 내려왔다. 처음부터 다시 시작하더라도 일깨나 해본 동네가 마음이 편했나 보다. 아는 집에서 신세를 지며 날일을 나갔다. 그러다가 조금 여유가 생겨 1985년경 가게를 내게 됐다. 양화점이었다.

"서귀포에 양화점을 하던 사람이 가게를 그만두고 떠난다기에 그걸 인수받았어요. 그것도 외상으로 가져다가 시작한 거예요. 간판 새로 달 형편도 못 돼서 그 집에서 간판도 떼다 그대로 달았어요. 그게 길벗양화점이에요."

길벗열소

〈작은 열쇠 가게〉, 420x280mm, pen on paper, 2021

양화점을 운영하면서 열쇠 일을 배웠다. 아는 분이 서귀포에서 열쇠 일을 하고 있어 그분께 가장 기초적인 것 딱 두 가지, 자동차 열쇠를 만드는 방법과 실린더를 뜯어서 맞추는 방법을 배웠다. 실린더는 방문이나 현관문에 다는 손잡이와 내부 잠금장치를 통칭하는 말이다. 돌이켜보면 참 용감했다. 지식이나 기술이랄 것도 없이 일하면서 깨친 게 많았다. 그게 또 당연한 시절이었다.

오토바이 타고 삐삐 확인해가며 일거리를 찾아다녀

1988년 올림픽이 끝나자마자 남원에서 모슬포로 이사를 오게 됐다. 남원에서는 양화점이 길벗 하나뿐이어서 그런대로 괜찮았는데 당시 모슬포에는 양화점이 두 군데나 있었다. 열쇠 일까지 하기는 했지만 열쇠로 버는 돈은 1년에 50만 원밖에 안 됐다. 그러니 생활은 여전히 힘겨웠다. "그때까지만 해도 제주도에서는 열쇠를 잘 안 썼어요." 제주도 내에 열쇠 일을 하는 사람이 다섯 손가락에 꼽을 만큼 적었던 데엔 이유가 있었던 거다.

1982년 프로야구 출범, 1988년 서울올림픽 개최 등으로 스포츠의 인기가 높아져 구두보다 운동화를 찾는 사람들이 많아지면서 양화점 운영도 시원찮아졌다. 결국 1990년에 접어들어 양화점을 접고 열쇠 일에 전념했다. 처음에는 자전거, 나중에는 오토바이를 몰고 동쪽으로 20km 거리의 중문, 북쪽으로는 30km 거리의 한림까지 일거리를 찾아다녀야 했다. 휴대전화도 없던 때다. 삐삐를 차고 다니면서 연락이 오면 급히 공중전화를 찾아 쫓아다녔다.

모슬포에 와서도 시장 골목에 있다가 몇 차례 자리를 옮긴 끝에 1993년 지금의 가게를 마련했다. 마음을 써주는 이웃들이 있어 조금씩 생활이 피기 시작했지만 그때도 온전히 내 가게를 장만할 수 있을 정도는 아니었는데 어쩌다 사고가 났고, 생각지도 않게 그 덕을 봤다. 아내와 딸까지 탄 오토바이가 택시에 부딪히면서 세 식구가 모두 다쳤다. 특히 아내는 다리를 절단해야 할지도 모른다고 했을 만큼 큰 사고였다. 이후 3년이나 병원 생활을 하게 될 줄은 몰랐지만 다행히 치료가 잘돼 절단도 면하고, 그간 모아뒀던 돈에 보상금을 보태 집을 장만하게 된 것이다. 창고에 가까운 건물이었지만 가족에겐 주상복합의 집이었다. 덕을 봤다고 하기에는 눈앞이 어질해질 만큼 착잡한 일이었을 텐데 그래도 더 이상 집세 걱정, 이사 걱정 없이 '우리 거다' 할 수 있는 집이 생겼으니 세 식구에겐 그 사고가 긍정적인 쪽으로 생의 전환점이 되었겠구나 싶다.

열쇠 수요는 1997년 IMF 경제 위기가 닥치고부터 급격히 늘었다. 사는 게 힘들어지니 도둑이 많아진 탓이다. "나라는 안 좋

아지고 사람들은 살기가 어려운데, 우리 집은 그때부터 사는 게 좋아지기 시작했으니 이걸 뭐라고 해야 할지…." 열쇠 가게 어른은 겸연쩍은 표정을 숨기지 못했다.

젊어서는 전자제품을 고치는 전공이 되고 싶었다. 그런데 배우려 해도 가르쳐줄 사람이 없었다. 못내 아쉽지만 엄기남 어른은 어렵사리 열쇠 일을 익힌 것만 해도 참 다행한 일이라고 생각한단다. 열쇠 기술은 간단한 편이라고 했다. 기초적인 것을 익히면 크게 힘들이지 않고 할 수 있을 만큼. 그래서 30년도 더 된 아주 오래전 일인데도 내내 마음에 걸리는 일이 있다.

모슬포에 와서 2~3년쯤 지났을 때다. 걸어 한 시간 남짓 걸리는 이웃 동네 보성에 산다는 아가씨가 찾아왔다. 열쇠 일을 좀 배우고 싶다고 했다. 앞서 말했듯 비교적 간단한 기술이라 금방 익힐 수 있고 힘쓸 일도 별로 없어 어르신은 '그렇지, 여성들이 하기에 괜찮은 일이지' 생각하면서도 거절했다. 가르쳐주고는 싶었는데 그러기에는 동네가 가까웠고, 일거리를 나눌 만큼 열쇠 수요가 많지 않던 때였다. "내 일에 지장이 있을까 봐 안 가르쳐준 거잖아요. 찾아온 것도 큰 용기였을 텐데 내가 넉넉하지 않아 못 가르쳐준 것이 계속 마음에 남아요." 이기적인 마음이 있었다고 고백했지만 그 욕심도 없으면 어떻게 사느냐 되묻게 된다. 먹고사는 고달픔을 알기에 더 마음이 쓰이는 것이겠지만 누구도 어르신을 탓할 수 없을 거라 생각한다.

때로는 이웃을 돕고 생명을 구하는 일

현장에 출동할 때 타고 다니는 영업용 차량에는 열쇠 외에도 '하수구 변기 뚫음' '선반 빨래 건조대' '도장 고무인' 등 다양한 서비스를 알리는 문구가 빼곡했다. 시골에서는 한 가지만 해서는 일이 안 된다고 했다. 뭐가 시원찮을 때마다 바로바로 기술자를 부르는 게 아니라 마침 기술 있는 사람이 왔을 때 겸사겸사 손보는 일이 많다.

열쇠 일도 그렇지만 처음부터 제대로 배워서 한 일이 아니다 보니 일거리가 생기면 할 줄 안다는 사람에게 가서 물어도 보고 연구도 많이 했다. 디지털 도어록이 나왔을 때도 잠깐 주춤하긴 했지만 설명서를 들여다보면서 어르신 방식으로 깨쳤다. "결국 일은 내가 하면서 배우는 거죠. 원리를 알면 응용을 할 수 있어요." 그렇지만 보안 시스템을 휴대전화 애플리케이션으로 연결해 작동하는 스마트홈 같은 것들은 자신의 노력으로 될 일이 아니라고 했다. 솔직하게는 시도도 못할 일이다. 전자제품도 몇 개월만 지나면 새 상품에 밀려서 재고로 쌓이는 세상이다. 그런데 세상에 필요한 것이 꼭 최신의, 최고의 기술은 아니다. 여전히 자물쇠로 문을 잠그는 집이, 그리고 열쇠가 편한 사람들이 있다. 그들에게는 언제라도 전화 한 통에 달려오는 어르신이 그 누구보다 고맙고, 제일 솜씨 좋은 기술자다.

"아침 일찍 전화가 와서 가보면 사실은 전날 밤에 일이 생겼는데 너무 늦어 미안해서 못 불렀다는 분들이 있어요. 그러니 24시간 언제든 전화가 오면 가요. 잠 좀 못 자는 거야 뭐…. 이 일은 정말로 일이 터지는 순간 당장에 필요하니까 부르는 거잖아요."

숨어 다니는 범죄자 위치를 특정한 경찰도 왕왕 연락을 한다. 불이 나거나 하는 급박한 상황도 있다. 어디서 경보음이 울린다 하면 급히 쫓아갈 수밖에 없다. 최근에는 분명 사람이 사는데 인기척이 없다고 연락이 올 때가 있다. "혼자 사는 노인들이 많잖아요. 가서 보면 아직 숨이 붙어 있는데 움직이지를 못해서…." 얼마 전에도 신발장에 깔려 꼼짝 못하던 어르신을 가까스로 구조했다. 경비인지 사비인지는 모르겠지만 현장에서 출장비를 챙겨주는 경찰도 있지만 빈손으로 돌아오는 일이 많은데 그런 데서는 돈을 못 받아도 아무 소리 하지 않는다. 열쇠 일이 사람도 살린다고 생각하면 정말 보람되다. 세상일에 도움이 되니 마음이 참 좋다.

열쇠 가게 어른의 이야기를 듣는 내내 내 마음도 참 좋았다. 매일같이 잠긴 문을 여는 이에게는 열린 문 사이로 통과하는 따뜻한 볕과 같은 기운이 맴도는가 보다. 마침 가게를 둘러보는데 한겨울에도 푸른 잎이 무성한 화단과 그 사이를 쉼 없이 들락거리는 고양이가 눈에 띄었다. 어르신은 가게 안으로 폴짝 들어가는 고양이를 보며 기특하다는 듯 "모두 우리 식구예요." 하고 웃었다. 문은 달려 있지만 언제고 열려 있는 가게는 이런 모습이구나 싶어 따라 웃었다.

SINCE 1974

WHERE 경북 경주시 재매정길 3

12 고분 너머 자전거 탄 풍경

시민자전차상회

강철로 뼈대를 세우고 통유리로 매끈하게 마감한 요즘의 기차역과는 달리 색 바랜 기와지붕이 제 머리를 보여주는 경주역사에 내리자 좀 걷고 싶은 생각이 들었다. 지도에 검색을 해보니 전국구로 유명해진 황리단길을 지나 그곳까지 35분 거리다. 걸어도 되겠다. 대충 방향을 잡고서는 휴대전화를 주머니에 넣어버렸다. 헤매면 어때. 좀 돌아가지 뭐.

시민자전차상회에 가는 길이다. 경주 황남동에 있는 자전거 가게. 자전거 대여점이 아니라 자전거포다. 예전엔 자전거방이라고도 했다. 체인에 기름을 치고 타이어에 바람을 넣고, 고장이 났거나 좀 시원찮다 싶은 자전거를 고쳐주는 가게. 자전거야 서울 도심 천변이나 강변에서도 날마다 보고, 내키는 날엔 직접 몰고 나가 바람을 쐬기도 하지만 '자전차'라고 하니까 뭐랄까, 시간의 경계가 느껴진다고 할까. 모던 보이, 모던 걸로 단장한 여행객들 사이를 비집고 나오자 황남동고분군이다. 그 고분 너머에 시민자전차상회가 있다.

내 자전차를 부러워하는 시선이 마냥 좋았던 소년

"걸어왔다고? 경주역서부터? 허허, 그래도 쫌 멀 낀데 걸음을 잘 걸었네. 그르체, 걸어도 충분하지. 자전차 타면 시간을 좀 벌고." 그랬다. 충분히 걸어도 될 거리였다. 시민자전차상회 오현환 어른께서 자전거방을 낸 1974년에도 그랬다. 여기에서 신라중학교나 경주고등학교까지 걸으면 40~50분, 자전거로는 15분 남짓이다. "학생들이 마이(많이) 왔고, 촌에 나(나이) 많은 사람들도 놀러 다닐 때는 자전차를 탔다고. 저 저 또 놀러 나가시네." 자전거포 앞 나무 벤치에 앉아 이야기를 나누는 두어 시간 동안 눈인사, 손 인사도 제법 일이었다.

1950년 경주 황성동에서 나고 자란 오현환 어른은 중학교

〈모퉁이를 지키는 가게〉, 550x500mm, pen on paper, 2021

시민자전차상회
시 민
자전거
주택수리
설 비
리모델링
철 거
조립식주택
방 수

에 들어가고 얼마 못 가 자전거방으로 출퇴근하기 시작했다. 그의 표현을 빌리면 '농띠(농땡이)'를 좀 쳤단다. 학교 공부에는 마음이 없었다.

"마을에 자전거방 다니는 사람들이 꽤 있었는데 '니 빈둥빈둥 놀면 뭐 하노, 가자 가자 자전거방 가자' 카더라고. 그때는 자전차가 귀했거든. 자전차 하나 살라만 돈이 비싸지. 근데 자전거방에서 일하니까 자전차를 하나 주잖아. 출퇴근하라꼬. 그라이까 즈그는(저희들은) 자전차 못 타는데 나는 타고 다니니까 부럽게 생각하는 기라. 그런 시대라서 자전거방에 나가게 됐지 뭐."

일찍 남의 집 직공 생활을 시작한 소년은 청년이 되자마자 군대부터 다녀왔다. 1970년 해병대에 지원했고, 그해 9월에 월남전에 참전했다. 무사히 철수해 제대를 하고는 내 기술로 먹고 살 것을 찾아 자연스럽게 자전거포를 열었다.

첫 가게는 현재 시민자전차상회에서 마주 보이는 문천교 건너 탑동 천변의 이발소 자리였다. 시내 쪽에 가게를 알아보기도 했는데 마땅한 곳을 찾지 못했다. 자전거포라면 가게 앞에 자전거도 좀 내놓아야 하는데 시내는 도로도 복잡하고 점포도 비좁아서 마음에 들지가 않았다. 마침 탑동과 황남동 사이로 흐르는 남천 위로 동네를 연결해주는 문천교 교량 공사가 마무리되던 때였는데, 문천교 근처에 마침한 곳이 있다 해서 세를 내고 가게를 차렸다.

고물상 허가를 받아야 했던 옛 자전거방

1974년부터 2~3년 정도 탑동 천변에서 자전거포를 운영하다가 집주인이 자꾸 세를 올려달라고 해서 새로 알아본 데가 지금 가게 바로 길 건넛집이다. 거기서 다시 2~3년 자전거방을 하다가 1980년에 지금 가게로 옮겼다. 현재 시민자전차상회는 탑동에서 문천교를 지나 오늘날 황리단길로 향하는 황남동 초입 삼거리에 자리하고 있다. 당시 마을에 자전거포가 서너 군데 있었는데 목 좋은 곳에 자리가 나면 먼저 차지하려고, 혹은 훼방을 놓고 싶어서 못된 수를 쓰는 무리가 있었다. 이곳으로 옮길 때도 소문이 나면 곤란한 일이 생길까 싶어 가만히 준비해야 했다.

자리를 옮기고 옮기는 사이에 주변 자전거포는 하나둘 문을 닫고 이제 시민자전차상회 하나만 남았다. 이유는 복합적이다. 요즘은 '건강한 취미'로 기울었지만 1970년대만 하더라도 자전거는 자동차 대신인 경우가 많았다. 괜히 '자전차'라 부른 것이 아니다. 가까운 거리는 차보다 자전거나 오토바이가 먼저였다. 실제 오늘날 도로교통법상에도 자전거는 '차'에 해당한다. 그러다 1970년대에서 1980년대로 넘어가면서 '자전차'의 시대가 저물기 시작했다. 한편 1970년대 중반 문천교 공사가 마무

리되고 비포장이었던 주변 도로가 정비되면서 시민자전차상회에도 손님이 조금씩 줄었다. 길이 좋아지니 자전거 고장도 확연히 줄었다. 그럼에도 시민자전차상회는 1990년대까지 장사가 꽤 잘됐다. 한 동네에 서너 군데가 성업할 만큼의 수요가 안 됐을 뿐 자전거를 타는 사람은 있고, 아무리 좋은 자전거라 해도 타면 닳고, 닳으면 탈이 나는 법이니 말이다.

자전거포에서는 신상 자전거를 팔기도 하고 중고 자전거를 사서 되팔기도 했다. 자전거포 어른은 재미있는 게 있다며 서랍장에서 책자 하나를 꺼내왔다. 1983년에 발행된 고물상 대장이다. 1980년대까지만 해도 자전거포를 하려면 고물상 허가를 받아야 했단다. 일제 때부터 그랬다. 자전거포 외에도 금은방, 오토바이상회, 폐차장 등 고물상 허가를 받아야 했던 업종은 10여 종이 넘는다. 중고 자전거를 매입할 때면 고물상 대장에 기록을 남겨야 했다. 그래야 고물로 인정받았다.

"내가 도둑놈을 몇이나 잡았어. 용돈이 아쉬우니까 남의 거 훔쳐가지고 팔러 온다고. 팔러 온다고 다 사는 기 아이라. 그 사람 것이 맞다고 계산이 서면 대장에 적는데 좀 아이다 싶으면 물어 봐. 경찰관이 입회해도 괜찮겠냐고. 그랬는데 안 한다 하면 백 프로 도둑놈이라. 안 한다 하면 뭐 어쩔 수 있나. 그냥 보내지. 근데 간 큰 놈들이 있다고. 경찰이 와서 이거저거 따지다 보면 발각이 되는 기라."

경찰서에 잡혀 들어갔다 풀려나선 복수를 한답시고 돌로 점방 문을 부순다거나 한밤중에 찾아와 괜한 시비를 걸어 난감했던 기억이 적지 않다. 그럴 땐 대갚음하기보다는 스스로 물러나도록 기다려줘야 했다.

뭐라도 노나 묵는 재미로 오늘도 문을 연다

이제는 시비를 거는 사람은 없다. 물론 매상이 없는 날도 많다. 그래도 가게 문을 연다. 오며가며 동네 사람들이 잠시라도 인사 나누고 이야기하는 게 좋고, 퇴직한 친구들이 와서 함께 보내는 시간이 좋다. 시민자전차상회라는 상호도 고물상 허가를 내고 세무서에 등록할 때 친구들이 지어준 것이다. 이따금 이 오래된 가게를 추억하러 오는 손님도 있다. "아이고 아저씨요, 아직까지 자전거방 하시네요. 내 누군지 알겠는교? 하고 찾아오는 손님들이 더러 있어." 교복을 입고 자전거를 수리하러 오던 학생이 다 커서 결혼하고 자식을 낳아서 그 꼬맹이들 손을 붙잡고 와서 아는 체를 할 때면 얼마나 반가운지 모른다.

손님 아닌 손님들도 있다. 자전거를 수리할 일이 없는 경주 여행객들도 범상치 않은 가게를 그냥 지나치지 못하고 사진을 찍고 자전거포 어른께 말도 건넨다. 그렇게 인사를 나눈 사람 가운데 빈손으로 돌아간 사람이 드물어 보였다. 뭇 여행자의 SNS에 기록된 자전거포 어른은 담벼락의 앵두, 하다못해 누룽지 사탕이라도 손에 쥐어 보내곤 했다. "내가 노나(나누어) 묵는 걸 좋아하거든. 있으이까 노나 묵는 기지."

자전거 대여 사업을 해도 좋겠다 싶은데 생각을 안 해본 건 아니지만 시간이 없어 못 한다 했다. 마을 일이 많기 때문이다.

꽤 오랜 기간 마을 통장을 맡고 있다. 대여점을 하면 손님들이 수시로 와서 빌리고 반납할 텐데 종일 가게만 지키고 있을 수가 없다고. 또 대여는 여행 온 사람들이 주로 이용하는데 여기까지 와서 자전거를 빌리기엔 위치가 좋지도 않다. 당신이 가진 기술은 자전거를 수리하는 기술이니 욕심내지 않고 그저 잘하는 걸 계속하면 그뿐이라고 했다.

자전거포를 운영한 시간만 40년이 넘었고, 자전거 일을 배운 것부터 하면 50년도 더 됐다. 잘할 수 있는 일을 이렇듯 오래 지속할 수 있었던 까닭을 생각해보게 된다. 기술도 기술이지만 그에 앞서 사람을 대하는 마음가짐과 일하는 태도를 짚어보지 않을 수 없다. 남 잘되는 것에 배 아파하지 않고, 나 손해 볼 것 같다고 훼방 놓지 않고, 해코지하는 사람은 스스로 멈출 수 있게 기다려주고, 득이다 실이다 따지지 않고 나눌 수 있는 것을 기꺼이 나눈 시간들이 오늘의 오래된 자전거포를 있게 하지 않았을까 하고 말이다. 주인어른이 건네준 유산균 요구르트를 사양치 않고 꿀꺽꿀꺽 맛있게 들이켜고 한술 더 떠서 "저 봉숭아 물 들이고 싶은데 어디 없을까요? 서울에선 못 구해서요." 여쭙는다. "봉숭아? 그래, 봉숭아가 올해도 폈지. 저, 저 집에 있을 끼라." 돌아갈 때도 쉬엄쉬엄 걸어가야지 다짐을 하면서 앞장서는 어른 뒤를 촐랑촐랑 따라나섰다.

SINCE 1907

WHERE 대구 중구 남성로 50

13 종이도 사람도 더불어 사는 데 이로워야

대구지물상사

지물포紙物鋪는 사전적 의미로 온갖 종이를 파는 가게다. 그렇다고 모든 종류의 종이를 취급하는 것은 아니다. 대구지물상사의 김종대 어른은 종이를 취급하는 곳도 크게는 둘로 구분해볼 수 있다고 했다. 신문 용지나 A4 용지, 아트지 등 주로 인쇄용 종이를 거래하는 곳은 지업사, 지물포에서는 벽지나 장판지 등 생활 공간에 쓰여 우리 인체에 직접적으로 닿아 있는 종이를 다룬다고 했다. 지물포 간판에 으레 '도배' '장판'과 같은 항목이 붙는 이유다. 시공까지 일괄로 맡는 것이 보통이라 '인테리어' '종합장식' 간판이 더 친숙해진 업종이기도 하다.

읍성 밖 만물 노점상에서 지물포로

현재 우리나라에 이곳 대구지물상사보다 오래된 지물포는 없다. 1907년에 개업한 그야말로 노포. 도로명 주소가 남성로 50인데, 이 지물포의 역사는 남성로 일대의 변천사와 맞물려 있다.

한양도성처럼 대구에도 성이 있었다. 대구읍성이다. 임진왜란이 일어나기 2년 전인 1590년에 왜군의 침략을 대비하여 흙으로 쌓았는데, 임진왜란 때 파괴된 후 경상감영이 들어서면서 1736년 돌로 다시 축성했다. 경상감영을 에워싼 형태로 성곽의 동쪽에 진동문, 서쪽에 달서문, 북쪽에 공북문, 남쪽에 영남제일관이라 하여 사대문을 냈다. 성벽이 허물어진 건 1906년이다. 1903년부터 경부선 철도 공사가 시작되면서 대구에도 상당수의 일본인들이 들어오기 시작했는데, 그때까지만 해도 일본 상인들은 성내에 진출하지 못했다. 일본 상인들의 청탁에 당시 대구군수 겸 관찰사 서리였던 박중양이 나섰다. 그는 성벽이 오래되어 위험하고, 성벽 때문에 근대 도시로 발전하지 못한다고 조정에 장계를 올렸다. 조정에서 허락지 않았지만 성벽은 친일파의 지휘 아래 허물어졌다. 성내를 동서남북으로 가로지르는 십자대로가 생겼고, 성벽을 허문 자리에 도로를 냈다. 동성로, 서성로, 북성로, 남성로, 이른바 4성로라 하는 대구 시가지 도로명에 얽힌 역사다.

남문 밖은 실버들이 늘어진 개천가였다. 성내 사람들이 빨랫감을 들고 나왔다. 자연스럽게 반찬거리도 사가고, 땔감도 사가는 시장이 형성됐다. 지금의 염매시장이 생겨난 흐름이다. 그 언저리에 자리 잡은 대구지물상사는 노점으로 시작했고, 초기에는 만물상에 가까웠다. 필요한 것을 팔았고, 팔릴 만한 것을 팔았다. 무명옷을 물들이는 염료나 단추, 반짇고리 등이 잘 팔렸다.

만물상에서 지물포로 자리 잡게 된 데에는 약재를 사고 팔던 시장인 약령시의 영향이 컸다. 읍성이 허물어지자 일본 상인들이 시가지를 점령하기 시작했다. 경상감영 서쪽 객사 주변에 형성되었던 약령시도 상권을 빼앗기고 자리를 옮기게 되는데, 그게 바로 남성로 일대였다. 남성로에 약령시가 들어서면서 첩지 수요가 많아졌다. 당시 한약은 첩약의 형태였다. 여러 약재를 섞어 탕약으로 만들어 음용했는데, 한 번 먹는 양을 보통 한 첩 단위로 포장했다. 한약을 포장하는 종이를 첩지라 불렀다. 대구 아래로는 의령, 함양, 거창에서 한지를 생산했고, 위로는 안동, 청송, 영덕에서 생산되는 한지가 좋았다. 경북한지주식회사를 설립해 영남지방의 질 좋은 한지를 대구에서 전국으로 집산했던 만물상 주인은 마침내 '대구지물상회' 간판을 내걸게 된다.

아버지가 아들에게, 스승이 제자에게 물려주는 마음

경상남도 청도군 이서면에서 나고 자란 김종대 어른은 1960년 초등학교를 졸업하고 이듬해 열여섯 어린 나이에 대구로 상경했다. 친척 소개로 동아지물상회에 들어갔다. 점원으로 일을 시작했지만 월급은 변변찮았다. 가게에서 먹고 자고 하면서 일을 배우는 수준이었다. 그렇게 6년여를 지내다 군에 입대했다. 제대 후에는 대구지물상회에 입사했다. 동아지물상회와 대구지물상회는 대각선으로 마주 보고 있는 지물포였다. 경쟁사에 입사하게 된 셈인데 의도한 것은 아니었다.

동아지물상회는 소매 위주였고, 대구지물상회는 소매도 많았지만 도매도 크게 했다. 가게에 물건을 들이고 내보내고, 배달을 하고, 실측도 하고… 바쁘게 움직였던 만큼 지물포 영업과 운영에 대한 경험이 차곡차곡 쌓였다. 점원이라고 해서 보고 배운 대로만, 시키는 대로만 일을 해서는 안 된다는 게 그의 생각이다. 자발적으로 일해야 하고, 더 잘하려고 애를 써야 한다. 종이를 거래하는 일이지만 모든 것의 핵심은 사람이었다. 주인 눈에만 들어서 될 일이 아니라, 도배사며 손님이며 거래처며 모두 사람과 더불어 사는 일이었다. "내가 딱 마음에 들게 일했어요. 그렇게 6개월 일하고 독립했어요."

김종대 어른은 1971년 한일지물상회를 열었다. 곡절이 있

한지/벽지/인테리어/Since1907
255-1253 252-2690
대구 지물상사
大邱紙物商
50

〈우리 동네 지물상사〉, 430x350mm, pen on paper, 2020

었지만 한일지물상회도 조금씩 기반을 다지게 되었는데, 여러 해가 지난 어느 날 대구지물상회 주인어른이 찾아와 뜻밖의 제안을 했다. 대구지물상회를 맡아 했으면 좋겠다고. 가업을 이을 사람은 마땅치 않고, 속 썩이는 사람은 많고, 힘들어 더는 못하겠다고 했다. "한마디로 행운이었습니다." 내 가게에 대한 애착도 있었지만 인정받았다는 기쁨이 훨씬 더 컸다. 사장과 종업원의 관계였지만 그는 스승과 제자 사이와 같다고 여겼다. 김종대 어른은 대구지물상회를 인수했다. 창업주 김농춘에서 외동아들 김관채로 계승된 대구지물상회가 '신의'를 바탕으로 종업원이었던 김종대로 계승된 사연이다. 1979년 절차에 따라 대구지물상회를 인수했지만 보통의 금전적 거래와는 달랐다. 좋은 값에 인수할 사람을 찾은 것이 아니라 제대로 맡을 사람을 찾은 것이니 한 집안에서 가업을 이어가지 않았다 하더라도 '계승'이라 말할 수 있는 이유다.

근대로의 여행을 이끄는 주민 해설사의 집

대구지물상사 외벽 기둥에 한자로 음각된 상호는 '대구지물상회'다. '상회'는 일제강점기에 많이 사용하던 명칭이라 김종대 어른은 가게를 인수하면서 상호를 '대구지물상사'로 바꿨다. 1층 가게는 개축해 사용하고 있지만 2층 내부는 옛 모습을 대부분 유지하고 있다. 건축 연도가 정확하게 기록으로 남아 있지 않는데, 대구지물상사 건물은 1925~35년 사이에 건립된 것으로 추정된다. 1층 가게 안에서 미닫이문 하나를 열면 2층으로 올라가는 나무 계단이 나온다. 2층은 주인어른의 집무실이자 접대실로, 일부는 창고로 사용되고 있다. 바닥에는 다다미를 깔았던 흔적이, 천장에는 가늘고 긴 목재를 촘촘히 대고 횟가루를 붙여 마감한 흔적이 남아 있다. 한쪽 벽의 동그란 창문도 독특한데 선박에 내는 환창을 닮았다. 위아래를 고정시켜놓고 가장자리를 밀면 동그란 창이 돌아가는 형태다. 창문이 아니라 환기통이라고 했다. 일제강점기 건축 공법과 통풍·제습 등 지물포라는 공간에 특화된 요소들이 건축적으로 가치가 있는지 방학이면 건축을 공부하는 학생들이 제법 찾아온다.

대구지물상사 앞에서 가게를 바라보면 뒤로 고층의 백화점 건물이 병풍을 두르고 있다. 예나 지금이나 대구지물상사 자리는 노른자위 땅이다. 신축하지 않고 임대를 줘도 현재 지물포 수입의 몇 배를 받을 수 있다. 이유가 궁금했다. 왜 이 지물포를, 또 옛 모습을 유지하고 있는지. 건축물이 궁금해서 오는 사람들, 기자고 작가고 대를 이어 운영하는 지물포가 궁금해 찾아오는 이들, 또 좋은 한지를 찾아 물어물어 오는 이들도 제법 있다고 했다.

"오늘처럼 이런 이야기를 해줄 수 있는 사람이 있어야 발전

이 있지 않겠습니까? 역사를 알아야 발전이 있지요. 내 뜻을 이해합니까?" 그제야 도로명 주소 표지판 아래 내걸린 '주민 해설사의 집' 푯말이 눈에 들어온다. 사실 지물포 얘기보다 중요한 게 한지인데 한지 얘기를 많이 못했다고 못내 아쉬워하는 모습에서 평생 몸에 이로운 종이를 매만진 사람의 결을 느낄 수 있었다.

○ ○ ○ ○ ○ ○ ● ○ ○ + +
1966

SINCE	1966
WHERE	부산 동래구 온천장로119번가길 27-5

14 만수탕에서 온천하고 만수무강하세요

만수탕

바다 풍광이 좋은 부산이지만 해수욕보다 온천욕의 역사가 훨씬 길다는 걸 뒤늦게 알게 됐다. 우리나라 최초의 해수욕장이 1913년 7월에 개장한 부산 송도해수욕장인데, 우리나라에서 가장 오래된 온천이라 알려진 부산 동래 온천은 그 역사가 무려 신라시대로 거슬러 올라간다. 『삼국유사』 『동국여지승람』 『지봉유설』 등의 고문헌에 그 기록이 남아 있다.

통일신라, 고려를 거쳐 조선조에도 전국에서 이름난 온천

지대였지만 동래 온천이 본격적으로 개발된 것은 1876년 부산항 개항 이후 일본인들이 동래 온천을 이용하면서부터다. 일본 자본가들은 봉래관, 대지여관 등 욕탕을 갖춘 일본인 전용 여관을 지어 손님을 끌었다. 1915년 부산역에서 동래 온천을 종점으로 한 전차가 개통된 것도 온천 여행객을 실어 나르기 위해서였다. 전차를 개통한 조선가스전기주식회사는 1916년 대욕장인 '동래 온천 욕장'을 신축해 철도 이용권과 입욕권을 묶은 일종의 패키지 상품을 판매하기도 했다. 한동안 온천 출입이 어려웠던 조선인들도 이 욕장을 이용할 수 있었는데 시설은 일본인용, 조선인용으로 구분했다고 한다.

점차 도로가 정비되고 식당과 상점, 요정이 생겨났다. 여기에 인근 금정산 기슭에 일본인 자본가가 개인 정원으로 조성한 오늘날의 금강공원이 1931년 일반인 관람객들에게 개방되면서 공원 나들이와 온천욕이 하나의 관광 코스로 자리매김하게 되었다. 이후 동래 온천은 부산의 대표적인 휴양지이자 유흥가로 탈바꿈하게 된다. 동명은 온천동, 하천명은 온천천, 그리고 사람들은 이 일대를 온천장이라 부른다. 온천장은 일종의 고유명사가 되어 현재 이 지역의 지하철역도 온천장역으로 개통됐다.

몸을 깨끗이 씻어 마음까지 깨끗해질 수 있다면

고 김향란 여사가 온천장에 만수탕을 개업한 것은 1966년이다. '부산에서 돈 벌려면 온천장으로 가야 한다'는 말에 맞장구칠 수 있는 시절이었다. 잠시 일본에 건너가 생활하며 온천과 목욕 문화를 눈여겨봤던 데다가 당시 자가공을 소유한 재일교포 사업가를 알고 지내면서 일이 성사됐다. 자가공을 확보하고 은행에 빚을 내 만수탕을 지었다.

온천은 개발 주체와 온천수의 공급 형태에 따라 자가공과 시영공으로 구분된다. 개인이 온천수를 뽑아내는 구멍을 뚫어다 쓰면 자가공이고, 시영공은 지자체에서 온천공을 뚫어 온천수를 공급하는 형태다. 품질의 차이는 없다. 부산 동래 온천의 경우에는 무분별한 개발과 온천수 고갈을 방지하기 위해 자가공과 시영공 모두 210m 깊이로 통일하고, 허가량에 맞게 온천수를 사용하고 있다.

고 김향란 여사는 돈을 벌려는 생각에 빚까지 내 대중탕을 지었지만 그에 앞서 '누구든 몸을 깨끗이 씻어 마음까지 깨끗해질 수 있었으면 좋겠다'는 마음이 컸다. 1973년 5월 26일 자 부산일보 기사에서 그 마음이 거짓이 아님을 확인할 수 있는데, 만수탕을 개업한 해에 인근 영락양로원에서 100여 명의 어르신들을 모셔다 무료로 목욕을 시켜드린 일화가 소개됐다. 그것으로 끝이었으면 이벤트 같은 일이었을 텐데, 그 후로도 입욕비를 주시면 받고 안 주시면 안 받고 어르신들이 맘 편히 목욕할 수 있도록 했다. 만수탕의 만수는 '만수무강'의 만수라 했다. 미아들을 데려다가 씻기고 보호하는 일도 숱했다. 어머니의 뜻을 이어 만수탕을 운영하고 있는 딸 이기희는 되레 경찰서에서 미아들을 만수탕으로 데리고 와 보호를 요청했을 정도였다고 그 시절을 떠올렸다.

몸이 먼저 알아채는 물맛

팔찌형 열쇠 하나로 신발장과 로커 이용은 물론 정산까지 되는 워터파크형 목욕탕과 찜질방에 익숙한 세대에겐 당황스러운 풍경일지 모르겠다. 여섯 개의 샤워기, 네 사람이 들어가면 가득 찰 것 같은 온탕, 그보다 더 자그마한 냉탕. 스무 개 남짓의 로커는 너무 많은 게 아닌가 싶을 정도로 만수탕은 아담하다. 여기저기 낡고 닳은 흔적이 만수탕에 흐른 세월을 짐작케 한다.

온탕이 차다. 오늘의 첫 손님인 까닭이다. 이곳 온천수는 대략 70℃. 바로 썼다가는 큰일이 난다. 만수탕의 온천수는 하룻밤 정도 옥상의 물탱크에서 자연 상태로 식힌다. 이른 아침 만수탕에 가면 탕에 미리 받아두어 차게 식은 온천수가 자작하다. 여기에 뜨거운 온천수를 받아 물 온도를 조절한다. 온천수를 식히기

〈나 어릴 적 가던 목욕탕에는〉, 300x380mm, pen on paper, 2021

위해 냉각기를 쓰지 않고 수돗물도 섞지 않는 것이 100% 온천이라 말할 수 있는 이유기도 하다.

평소 미지근한 수영장에 들어갈 때에도 가슴을 한껏 움츠리는 사람인데 호기심이 생겨 차가운 온천수에 몸을 드밀어 봤다. '어라? 괜찮은데?' 싶었던 건 냉탕 특유의 쨍한 기운이 없었기 때문. 뭐랄까, 상쾌한 기분이 들었다. 한참을 냉탕에서 참방대고 있으니 "아이고!" 하며 들어온 사장님께서 얼른 뜨거운 온천 물을 틀어주신다. 물이 좋은지 아닌지 수질까지 가늠할 능력은 안 되지만 분명한 것은 탕에서 나가기 싫었다는 거다.

요즘엔 수영장도 목욕탕도 한 번 받은 물을 순환해서 재사용하는 것이 보통이다. 순환하는 과정에서 살균, 여과를 해 깨끗한 수질을 유지한다. 바닷물이 순환하며 자정 능력을 갖는 데서 착안된 방식이다. 다만 만수탕의 '물맛이 좋다' 하는 근거는 여느 욕탕과 달리 이미 사용한 온천수를 순환하지 않고 모두 하수로 흘려보내는 방식이라는 데서 짐작해볼 수 있다. 1966년 개업했을 때의 설비와 운영 방식을 그대로 유지하고 있기에 가능한 일이다. 요즘엔 만수탕과 같은 방식으로는 영업 허가가 나지 않는다고 했다.

만수탕은 여관을 함께 운영하고 있는데 일반적인 여관은 아니다. "중풍이 있어서 거동이 편치 않다거나 피부 질환이 있는 손님들은 목욕을 하고 싶어도 못하거든요." 그래서 여관 허가를 냈다. 보는 눈 없이 편하게 목욕했으면 하는 마음으로 만들었다. 일종의 가족탕 개념이다. 방이 열 개는 되어야 여관 허가를 내준다 해서 살림을 살던 방까지 빼서 개수를 채웠다. 현재는 세 개 객실을 운영하고 있는데 온탕과 냉탕을 갖춘 욕실 크기가 침대를 놓은 객실보다 커 보였다.

역사가 있는 온천 마을, 우리 한 집이라도 오롯이

여관까지 갖춘 온천이지만 만수탕에 이렇다 할 부대시설은 없다. 사우나는 물론이고 세신사도 없다. 만수탕과 만수여관은 이기희 대표가 1인 다역을 하며 운영하고 있다. 생물학으로 석사 과정을 마치고 계속 공부를 이어가려 했던 그는 '힘이 들어도 사람들을 깨끗하게 해주는 일이라 참 보람이 있으니 네가 좀 지키고 있어라' 하신 어머니 유지를 물리치지 못했다. 목욕탕을 하면 돈깨나 있는 현금 부자라 했던 때지만 베푸는 게 먼저였던 어머니는 빚이 더 많았다. 1997년 어머니께서 돌아가시고 본격적으로 운영을 맡았는데 만만치가 않았다. 어머니가 운영하실 때는 종업원을 다섯까지 두었지만 인건비를 줄이고 1인 다역을 할 수밖에 없었다.

일은 힘들지, 빚은 많지, 어머니가 참 원망스럽기도 했는데 온천협회에서 주선한 일본 온천 견학을 가서는 마음가짐이 달라졌다. 어쩜 종업원들이 저렇게 친절할 수 있을까 하고 놀랐다. 동경의대를 나왔다는 분이 할아버지께서 운영하시던 온천을 물려받아 박물관으로 단장한 것을 보고는 아차 싶었다. 어머니를 원망하며 어쩔 수 없이 운영해선 안 될 일이었다. 매점은 없지만 간식을 나눠 먹는 날이 많아지고, 혼자 오시는 어르신들께는 말벗도 되어드리고, 지나가다 등도 밀어드리고…. 그는 그렇게 진짜 만수탕 주인이 되어갔다.

"목욕탕은 어르신들 다쳤다 하면 큰일이거든요. 그래서 근처에 큰 목욕탕들은 연세 많으신 분들이 오면 만수탕으로 가시라고 보내기도 해요. 어르신들 목욕하고 나오실 때까지 왔다 갔다 하면서 보는 것도 일이에요."

온천장 일대에 대를 이어 운영하는 온천이 더러 있다. 그러나 대부분 옛 건물을 허물고 현대식으로 바꾸어 운영하고 있다. 만수탕도 일부 손을 봤지만 욕탕 위치를 바꾼 정도다. 예전에는 욕탕이 가운데 둥그렇게 하나였는데 자리만 많이 차지하는 것 같아 욕탕을 온탕과 냉탕으로 구분해 벽 쪽으로 옮기고 가운데에는 물을 퍼다 씻을 수 있는 타원형의 작은 탕을 하나 더 마련했다. 온탕과 냉탕은 지면 아래로 매립한 형태라 턱이 높지 않다.

"시설 좋은 곳을 이길 방법은 없어요. 그래도 동래 온천, 이

온천장이 역사가 있는 온천 마을인데 전부 현대식으로 하는 것이 좀 그렇잖아요. 우리 한 집이라도 옛 모습 그대로 있으면 좋죠."

'달 목욕'하는 단골도 있지만 온탕이 냉탕인 날이 많은 요즈음이다. 그날도 종일 탕에 몸을 담근 이는 나 하나라고 했다. 장사가 예전만 못하지만 이기희 대표의 둘째 아들이 만수탕과 만수여관 운영을 가업으로 이어갈 계획이라고 했다. 그는 아들이 큰 어려움 없이 포실하게 자란 것이 아무래도 걱정이 돼 요즘 '빡세게' 아르바이트를 시키고 있다고 했다. 딴에는 괜찮다는 목욕탕을 찾아다니기도 하면서 어떻게 운영하면 좋을지 구상하는 눈치란다. 외할머니, 어머니와는 다르게, 그러면서도 변함없는 모습으로. 물맛 좋은 만수탕을 독탕처럼 즐길 수 있는 날이 얼마 남지 않은 것 같다. 아쉬움보다 반가움이 더 큰 변화가 찾아오기를.

○ ○ ○ ○ ○ ● ○ ○ ○ + +
1954

SINCE 1954

WHERE 충북 영동군 영동읍 영산로3길 17

15 닳아 터진 고무신을 꿰매 신던 때로부터

동양고무

당연하게 '옛날엔 짚신을 신었지'라고 생각했지만 막연했다. '옛날 언제?' '그럼 언제부터 운동화나 구두를 신게 됐을까?' '그 사이 어디쯤에 고무신이 있었는데….'

옛날이라 해도 짚신만 신었던 것은 아니다. 18세기 후반 김홍도가 남긴 《단원풍속화첩》 중 〈벼타작〉이나 〈씨름〉을 보면 신분에 따라 신발 모양새가 다른 것이 나타난다. 부피감 없이 발을 감싸고 있는 테두리 안에 세로줄을 여럿 그어놓았으면 서민들이 신은 짚신을 표현한 것이고, 별다른 무늬는 없지만 무언가 덧신은 것이 분명하고 생김새가 고무신을 닮아 있다면 주로 양반네가 신은 갖신이다. 가죽으로 만든 우리 고유의 신을 통틀어 갖신이라고 하는데 바닥이나 안감은 가죽을 대는 것이 보통이고, 겉은 가죽 외에 헝겊을 덧대 아름답게 꾸미기도 했다. 신분, 성별, 직업, 상황에 따라 우리 고유의 신발은 훨씬 다양하게 세분화되지만 크게는 짚신과 갖신으로 봐도 무방하다. 19세기 말 부산과 원산 등 개항장 일대에서 활약한 기산 김준근의 풍속화 〈초신 삼고 갖신 짓고〉에 짚신과 갖신의 차이가 분명히 드러난다. 짚신 장인과 갖신 장인의 모습을 그린 것이니 말이다. 이러한 풍속화를 통해 근대기로 넘어올 때까지만 해도 우리나라에서는 짚신과 갖신을 신었다는 걸 알 수 있다. 고무신은 1910년대 후반 일본에서 유입된 신문물이다.

일본에서 국내로 유입된 고무신은 장화 또는 조리 형태였다. 모양새가 낯선 탓이었는지 처음엔 별 인기가 없다가 1920년대 초반 짚신과 갖신처럼 발등이 없는 '조선 신' 형태로 개량되면서 운동화가 대중화되기 시작한 1960년대 이전까지 고무신은 신발과 등호를 붙여도 될 만큼 일상화되었다. 이후 1980년대까지도 도소매 신발 가게에 으레 '○○고무'라는 간판을 달게 된 배경이다. 이제는 상설 시장으로 운영되고 있지만 여전히 끝자리가 4, 9일이면 시장을 에둘러 오일장이 서는 영동중앙시장 골목에도 '고무'라는 상호를 단 신발 가게가 있다. 1954년 문을 연 동양고무다.

자전거 타고 오일장을 누빈 할아버지의 난전으로부터

"어서 오세요. 안녕하세요." "감사합니다. 좋은 하루 되십시오!" 동양고무 주인장 박준희의 목소리가 드문드문 손님들이 걸음하기 시작하는 아침나절 시장통을 깨웠다. 그 목소리가 얼마나 시원한지 좀 과묵하다 싶은 사람도 절로 맞받아 대꾸할 수밖에 없을 것 같았다. 국회의원 보좌관이었던 아들이 신발 가게를 이어가겠다고 했을 때 펄쩍 뛰며 반대했던 아버지 박창훈도 이제 '손님 대하는 것은 아들이 백번 낫다'며 내심 흡족해할 정도가 됐다.

동양고무는 해방 직후 박용보 어른이 난전으로 시작해 아들 박창훈, 손자 박준희가 가업으로 잇고 있는 오래된 신발 가게다. 박용보 어른은 전쟁 직후 자전거에 신발 꾸러미를 싣고 고향 옥천과 영동 일대의 오일장을 찾아다니며 장사를 시작했다. 신발 도매업을 하는 지인의 도움도 있었지만 1930년대 중반 중국 남경으로 건너가 해방이 되기까지 10여 년간 직물 회사에서 일했던 그에게 고무 제품은 낯설지 않았다. 일을 시작한 초반에는

〈흔한 우리 동네 상회〉, 450x260mm, pen on paper, 2021

장터마다 작은 창고를 빌려 물건을 맡겨두고 필수적인 것만 자전거에 싣고 다녔고, 전쟁이 끝난 직후에는 일대에서 가장 큰 오일장이었던 영동장에 가게를 냈다. 오늘날 동양고무 자리다. 아케이드 시장으로 단장한 지금에야 시장의 가장자리가 됐지만 당시에는 가게 앞 사거리가 장터에서 가장 목이 좋았다.

"그때는 신발이라고 해야 고무신과 운동화 두 종류뿐이었어요. 운동화도 지금처럼 다양하지 않고 흰색과 곤색 그렇게 두 가지가 다였죠. 그 운동화는 장만하고도 닳을까 봐 아까워서 못

신을 때였어요. 동양고무라고 간판을 단 것은 당시 대표적인 고무신 상표가 동양고무였거든요."

8남매 중 장남이었던 박창훈은 학교에 다닐 때부터 아버지 박용보의 일을 도왔다. 본격적으로 가게 일을 익힌 것은 고등학교를 졸업하고 군대에 다녀온 1950년대 후반부터다. 형제들 교육에서 결혼까지 가계 전반이 장남의 몫으로 여겨지던 시절을 관통한 삶이다.

봄엔 작업화, 여름엔 고무신, 가을엔 캐주얼화, 겨울엔 털신

영동은 1960~70년대 내내 인구가 10만 명이 넘었을 만큼 군 단위 중에서도 큰 축에 들었다. 일단 외상을 해가고, 값은 추수한 다음에 치르는 것이 보통이었지만 가게 앞으로 줄을 서야 할 만큼 장사가 잘됐다. 그 모습을 기억하는 박준희는 어려서부터 가게 일에 마음이 있었다. "돈 잘 벌 것 같았거든요. 옷은 잘 안 떨어져도 신발은 계속 신고 다니니까 자주 사 신어야 하잖아요." 농담 반, 진담 반이다. 사실 당신은 장사하면 딱 말아먹기 십상인 사람이라고 했다. "저마다 삶에서 고비가 있어요. 저는 사십 중반에 살아온 시간을 뒤돌아보게 되더라고요." 그러던 차에 병원 출입이 잦은 아버지를 보고 "아버지 하는 거 저랑 같이 해요."라고 했다.

박준희는 14년간의 국회의원 보좌관 생활을 정리하고 2014년부터 가게 일을 도맡고 있다. 손님 치수에 맞게 신발을 내주면 그만일 것 같지만 세상에 수월하기만 한 것은 없다. 모양이나 색깔도 마음에 들어야 하겠지만 주로 농사일하는 이곳 단골들에게는 용도에 맞는 신발을 딱딱 내주는 것이 더 중요하다. 밭에서 일할 때 좋은 신발과 산에서 작업할 때 좋은 신발이 다르다. 산에는 낙엽도 깔려 있고 그늘져 축축한 기운을 머금고 있는 곳이 많으니 미끄러지지 않도록 일반 밭에서 신는 것보다 바닥창이 탄탄해야 한다. 손님 마음에 드는 것을 알아서 고르라 하지 않고 언제, 뭐할 때 신을 건지 먼저 물어보는 이유다. 그리고 꼭 신어보시라고 한다. 전에도 신던 거라며 사이즈만 맞으면 그냥 가져가겠다는 손님들이 있지만 기어이 신어보게 한다. 발에 맞아야 제 신이다.

동양고무에선 시기별로 잘 팔리는 품목이 일정하다. 하우스나 밭농사가 시작되는 3월부터 4월 초순까지는 장화나 작업화가 많이 나간다. 조금 더 날이 따뜻해지는 4월 중순부터 여름 동안에는 고무신이 인기가 좋고, 가을에는 편하게 신는 캐주얼화, 겨울에는 털신을 찾는 손님이 많다. 대부분 영동읍 근방에서 오는 오랜 단골들이다. 2020년 12월 TV프로그램 〈한국인의 밥상〉에 '오랜 세월 한결같은 노포'로 소개되고는 외지에서 오는 분들도 있다. 여행길에 겸사겸사 들르는 것인데 뜨내기손님들은 인테리어 소품으로 괜찮겠다고 하면서 앙증맞은 유아용 고무신을 기념품 삼아 사 간다.

시골이라 유지되는 수요도 있다. 여전히 상여를 메는 장사 풍습이 이어지고 있는데 상주 측에서 답례품으로 신발, 수건, 장갑을 한 세트로 준비한다. 박준희가 체감하기로 5년 전만 해도 그 시장이 제법 컸다. 상여를 메고 산에 올라야 하는 상여꾼들에게는 목이 있는 작업화나 장화를 준다. 장사를 치르는 동안 두루 고생한 이웃에게도 장례 후 답례를 한다. 화장 문화가 확산되며 예전만 못하다 하지만 아직까지는 묘를 쓰는 집이 꽤 있어 인근 외곽 지역으로 시장을 넓혀볼 생각이다.

손님들 가려운 곳을 찾고, 내 일하는 재미도 찾고

시골이라도 운동화는 나이키, 슬리퍼는 아디다스 브랜드를 콕 집어 찾는 손님들이 있어 신발 가게 부자는 병행수입을 시도해볼까 고민 중이다. 지금까지는 주로 부산에 있는 신발 공장에서 사입해왔다. 부산은 1920년대 고무신 공장이 들어서기 시작해 1970~80년대에 이르러 세계 최대 규모의 운동화 생산 도시가 될 만큼 신발 산업이 발달했다. 유명 브랜드들이 동남아 등지로 하청 업체를 교체하며 규모가 많이 줄었다지만 국내 신발 생산의 중심은 여전히 부산이다. 박용보 어른이 간판 삼은 동양고무도 1951년 부산 동구 초량에서 시작한 신발 제조업체다. 여담으로, 처음에는 고무신을 만들었지만 1970년대에 OEM 방식으로 나이키 운동화를 생산하며 노하우를 축적한 동양고무는 훗날 독자적인 브랜드를 내놓았다. 르까프를 만든 화승산업의 전신이 동양고무다.

"그런데 이 신발은 사입 방법이 까다롭고 박스 단위가 아니면 사입하기도 힘들어 종류별로 구색을 갖추는 것이 쉽지 않아요. 프랜차이즈가 아니면 운영하기가 참 힘든 거죠."

마침 택시 한 대가 가게 앞에 섰다. 앳되어 보이는 외국 청년 둘이 내리고 택시 기사가 따라 들어왔다. 공장이고 농장이고 영동에도 일손이 필요한 곳에 외국인 근로자들이 많다. 읍내에서 좀 떨어진 기숙사에서 생활하다 보니 주말이면 끼리끼리 필요한 것들을 구하러 택시를 타고 나오는 경우가 잦다. 축구화를 찾는데 마땅한 것이 없다고 한다. 체육용품사에는 있을지 모르겠다고 신발 가게 주인장은 택시 기사에게 위치를 알려준다. 오늘은 외국인 친구들이지만 대중교통이 여의치 않은 시골 마을 어르신들도 택시를 타고 읍내로 행차하는 것이 예사다. 그러니 어렵사리 들른 손님들이 헛걸음하지 않도록 안목도 좋아야 하고, 손님들이 무엇을 필요로 하는지를 유심히 살펴 그에 맞는 신발을 제때 들여놓을 수 있어야 한다.

"돈 벌 생각으로만 하면 못 해요. 재미도 없고. 아버지께서도 그렇게 일하셨고요. 일례로 지금은 고무신이고 장화고 합성고무나 PVC로 만들지만 예전엔 생고무로 만들었어요. 생고무로 만든 것은 수선이 가능해요. 닳거나 터지거나 해서 새 신 사러 온 손님을 앉혀놓고 아버지께서는 실로 기워주셨어요. 더 신고 오라고."

무엇을 팔든 장사는 이문을 남겨야 하는 일이지만 돈만 벌려고 해서는 결코 오래 할 수 없다. 계속 찾아야 한다. 손님들 가려운 곳을 찾고, 내 일하는 재미도 찾고. 그런 면에서 박준희는 요즘이 참 좋다고 했다. 그도 이삼십 대에는 혈기왕성해서 세상 무서울 것도 없이 앞만 보며 살았다. 여유가 없었다. 지금 고2, 중1인 자신의 두 아이도 훗날 자신과 같은 생각을 하게 될지 모르겠다. 지금에야 관심이 없겠지만 자신처럼 인생관이 바뀌는 순간이 올 수 있다. 집안 어른들이 대대로 이어온 것들이 달리 보이기도 할 거다.

"그래서 한번 기다려보려고요. 이 가게가 정말 백년가게가 될 때까지. 그때 두 아이 중에 누구라도 해보겠다고 하면 기꺼이 물려줘야지요."

재미나게 일할 거리를 하나 더 찾은 그의 모습은 정말로 편안해보였다.

4장

그저 마음 한쪽을 쉬게 하는 곳이었으면

1955

SINCE 1955

WHERE 경남 창원시 진해구 백구로 57

16 흔들리는 벚꽃 너머 그윽하게 자리한 다방

문화공간 흑백

벚꽃 잎 담스러운 봄날이면 당장 내달려가지 못하더라도 그곳의 날씨를 몇 번이고 검색해보게 된다. 화창하기만을 바라는 진해의 봄. 열흘여 분홍빛은 우리가 아는 봄꽃 명소 진해의 절대치가 되었는데, 꽃이 지고 봄이 멀어져도 줄곧 진해가 그리운 이들의 기억 속에는 블랙 앤 화이트 '흑백'의 명암이 더욱 선명하다고 했다.

수년 전 가을께였다. 마음먹고 찾아갔는데도 막상 문 앞에서 주저한 것은 피아노 연주 때문이었다. 홀로 연습하는 듯 보였지만 범상치 않은 연주였기에 혹여 방해가 될까 문가에 서서 꼼지락대기만. 인기척에 손을 멈춘 연주자가 냉큼 달려와 뻘쭘하게 서 있던 나를 푹신한 소파에 앉혔다. 예고 없이 찾아온 낯선 손님인데 마뜩잖은 기색은커녕 모카커피를 내어주고는 마주 앉아 '어디서 왔나' '어떻게 알고 왔나' 묻고는 이내 환하게 웃던, 문화공간 흑백의 유경아 대표를 이 모습 그대로 기억하는 사람이 나 하나가 아니란 것을 2020년 1월 그녀의 부고 기사를 접한 후에야 알게 됐다.

해군기지가 들어선 진해에 역사적 다방이 자리하게 된 사연

흑백은 서울의 학림다방(1957), 전주의 삼양다방(1952)과 함께 우리나라 다방의 역사를 되짚을 때 한 묶음으로 소개되곤 하는 명소다. 개화기에 커피와 홍차 등이 보급되었지만 국내에 다방 문화가 자리 잡게 된 것은 비단 그 새로운 음료 때문이 아니었다. 일본과 서구에서 유학을 하는 등 일찍이 근대 문물을 접한 지식인들은 문화 교류의 공간으로 살롱을 구현하려 했고, 그러한 시도가 다방으로 나타났다. 흑백은 근대기의 살롱, 지식인과 예술가들이 즐겨 찾은 문화사랑방의 성격을 이어오고 있다.

흑백에 오기 전까지 의아했던 것은 어째서 진해인가 하는 점이었다. 수도 서울, 예향 전주까지는 고개를 끄덕이게 되는데 진해라니. 이야기는 서양화가 유택렬 화백에서 시작해 그의 둘째 딸 유경아 대표에게로 이어진다.

1924년 함경남도 북청에서 태어난 유 화백은 1943년 일본 해군에 강제 징집되어 진해에서 군복무를 하게 된다. 해방 후 어렵사리 북청으로 돌아갔지만 한국전쟁이 발발하면서 월남, 거제와 부산을 거쳐 다시 진해에 닿았다. 일찍이 사촌 형 유강렬의 도움으로 미술 공부를 시작해 이중섭, 한묵 등과 어울렸던 유 화백은 그 인연을 진해로 이끄는 한편, 해군 교재창 군무원, 중고등학교 미술 교사로 일하며 지역 예술가들과의 교류를 넓혀 나갔다. 흑백을 이야기할 때 이중섭, 전혁림, 윤이상, 김춘수 등 내로라하는 근대기 예술가들이 거론되는 이유다.

유 화백은 1955년 작곡가 이병걸이 운영하던 고전 음악다방 '칼멘'을 인수해 오늘의 흑백으로 단장했다. 1912년 건조된 목조 건물이지만 흑백이라는 이름처럼 하얀 벽에 유 화백 친필의 흑백 간판 하나 걸어둔 것이 단정하다. 실제 운영은 고미술품 수집가였던 아내 이경승이 도맡았다. 덕분에 창작 활동에 집중할 수 있었던 유 화백은 흑백에서 여러 일을 도모했다. 1952년부터 충무공의 얼을 기리기 위해 거행되던 추모제를 향토문화예술의 진흥을 도모하는 문화축제로 탈바꿈하자는 논의를 이끌

유택렬 미술관
2F
흑백
BLACK & WHITE
1F
흑백
BLACK & WHITE

〈예술과 예술인의 다방〉, 500x400mm, pen on paper, 2020

어 1963년 오늘날의 진해군항제로 거듭나게 한 데에도 흑백을 드나든 지역 예술가들의 역할이 컸다고 알려져 있다. 특히 유 화백은 제1회 진해군항제부터 10여 년간 축제 포스터를 제작했고, 1980년에는 진해군항제 부위원장을 맡을 만큼 우리가 즐겨 찾는 군항제와 인연이 깊다.

그렇다고 흑백이 예술가들의 아지트로만 소비된 것은 아니었다. 젊은 연인들의 데이트 장소였고, 연인이 부부가 된 훗날에는 그 자녀들이 처음 '문화적 경험'을 하는 곳이 바로 흑백이었다. 흑백이라는 이름은 유 화백이 반가운 소식을 전해주는 까치를 추상화한 것이라 하는데, 흑백이 문을 열고도 오랫동안 전시장이나 공연 시설이 마땅찮았던 진해에서 어느 날엔 연극 무대, 어느 날엔 갤러리가 되었다가, 또 다른 날엔 음악 연주회장이 된 흑백은 이렇듯 제 스스로 반가운 소식을 전하는 까치였다.

다방이 아니라 '흑백'이다

유 화백 내외의 뒤를 이어 이곳에서 나고 자란 둘째 딸 유경아 대표가 내내 흑백을 지켰다. 2008년부터 2011년까지 3년 남짓 흑백 간판을 내린 시절이 있었는데, 이미 1990년대 후반부터 운영이 여의치 않았던 것을 더는 버텨내지 못했다고 했다. 폐업 신고를 한 후에도 피아니스트인 유 대표가 피아노 레슨을 하며 기존에 진행했던 연극, 음악회 등의 문화 행사들을 지속했지만 행정절차상 흑백 간판은 내려야 했다.

흑백의 퇴장은 못내 아쉬운 소식이었고 반가운 소식을 전하고자 했던 흑백의 시작과도 걸맞지 않은 일이었다. 생전 유 대표는 2011년 12월 다시 흑백 간판을 내걸기까지 지역사회 문화예술인들의 도움이 컸다고 고마움을 표했다. 다방으로 이름 날렸던 당시에도 그저 '흑백'이라 부른 이들이 앞장서 "흑백은 그냥 다방이 아니다. 흑백은 대체 불가능한 지역의 문화공간이다." 한목소리를 냈고 그대로 실현되었다. 이 역시도 유 대표가 흑백을 지키고 있었기에 가능한 일이었다.

문화공간으로 명맥을 이어가던 흑백은 2015년 창원시 근대건조물 제4호로 지정되고, 시의 주도로 2018년 7월부터 '근대건조물 흑백다방 건축물 정비 공사'가 진행되면서 다시 주목을 받았다. 건물 외관과 1층은 크게 바뀌지 않았다. 흑과 백의 체스판을 연상시키는 특유의 천장 장식도 그대로 남겨두었다. 유택렬미술관으로 선보일 2층과 수장고를 마련하는 것이 일이었다. 그렇게 이듬해 1월 1층에는 흑백의 색을 잃지 않고 소모임을 지향하는 카페형 문화공간이, 2층에는 유택렬미술관이 개관하면서 지역에선 흑백이 재도약할 거라는 기대감이 일었다. 그러나 기대가 너무 컸던 걸까? 임대 형식이었던 1층 흑백의 운영 문제로

곡절이 있었고, 유 대표가 어지러운 일들을 정리한 후에 예전처럼 흑백을 모두의 문화공간으로 직접 가꾸겠다는 뜻을 밝혔지만 건강이 급속도로 나빠졌다.

유 대표는 흑백이 창원시 근대건조물로 지정된 후 경남일보와의 인터뷰에서 당신 덕에 흑백이 존재할 수 있었다는 말은 너무 높게 평가된 것이라며 "다 제 욕심."이라고 고백했다. 실은 아버지 유택렬 화백이 세상을 떠나고 영국 왕립음악원으로 유학을 가면서 다시 한국으로 돌아올 생각이 없었다고 했다. 그런데 도저히 포기가 안 되더라고. 흑백, 이곳이.

더는 답을 들을 수 없는 질문을 해본다. 무엇이 욕심이었나? 보다 쉬운 길이 있었을 거다. 근대기 건축물을 단장해 인기를 끄는 공간이 적지 않잖나. 그런데 흑백처럼 외관이나 실내 장식뿐만 아니라 공간의 기능과 방향성까지 이어가는 곳은 드물다. 반세기 이상 흑백에서는 잠시 스칠 법한 인연에도 얼개가 생기고, 새로운 기회들이 만들어졌다. 유 대표는 흑백에서 그 모습들을 보고 자랐다. 그게 서울이든 진해든 또 어디든, 얼마나 목마른 공간인가? 창원시 근대건조물로 지정된 덕분에 자신이 떠난 후에도 흑백이 흑백으로 남을 수 있게 되었다고 좋아했다는데, 흑백에 방문하는 이들의 모습을 하나하나 기록한 유 대표의 블로그를 들여다보며 흑백이 여전히 흑백인 것이 그의 욕심이었다면 많이 외로웠겠다고 감히 짐작해본다.

유 대표가 소천하고 흑백은 재정비의 시간을 갖고 있다. 곧 다시 문을 열겠다는 약속의 말이 흑백 입구를 지키고 있는 지금. 이다음 벚꽃 필 무렵에는 다시 흑백의 문을 열고 들어갈 수 있기를, 벚꽃 흩날리는 진해에서 다시금 그윽한 시간을 보낼 수 있기를 바라는 이 마음이 오히려 욕심인 것만 같다.

경남 창원시

1957

SINCE 1957

WHERE 대구 중구 동성로6길 45

17 음악으로 인격적 관계를 맺을 수 있다면

하이마트 음악감상실

음악다방은 알겠는데 음악감상실은 낯설다. 직관적으로 '클래식 음악을 듣는 곳이겠구나' 싶지만 LP 바Bar와는 또 느낌이 다르다. 어수룩하게 문을 여는데, 잠겼다. 낭패로군! 뒤돌아서려다 혹시나 하는 마음에 전화를 걸었더니 통화가 끝나기 무섭게 한 층 위에서 분주한 소리가 들려왔다. "요즘은 드물게 찾아오셔서요." 잰걸음에 미안함이 묻어났다.

입장료는 8천 원. 꽃무늬 쟁반에 내어주신 건 모과차와 쌀

과자. "듣고 싶은 곡 있으세요?" 묻는다. 장대비가 쏟아지던 날이었다. "오늘 날씨에 어울리는 곡이면 좋겠어요." 이내 묵직한 첼로 연주가 홀을 채운다. 오펜바흐의 곡 〈자클린의 눈물〉이라고 했다. "편히 들으세요. 종일 계셔도 됩니다. 여긴 푹 쉬다 가는 곳이에요." 이름만 들어서는 단박에 전자제품 쇼핑몰 이름이 떠오르지만 발음만 같고 철자는 다르다. 음악감상실 '하이마트 Heimat'는 독일어로 '고향'이라는 뜻이다.

대구에서 시작된 음악감상실 문화

음악을 즐길 수 있는 장소라는 점에서는 닮은 구석이 있지만 사람들이 이야기를 나누고 어울리는 데 음악이 자연스레 섞이는 공간이 음악다방이라면, 음악감상실은 말 그대로 음악 감상이 주된 목적이라 하겠다. 하이마트 음악감상실에서 마주 앉은 오르가니스트 박수원의 도움말이다. 그는 외할아버지 김수억 어른이 마련하고 어머니 김순희 여사가 대를 이어 운영한 이 음악감상실을 아내인 피아니스트 이경은과 함께 3대째 꾸려가고 있다.

우리나라 최초의 음악감상실은 1946년 대구 향촌동에 문을 연 '녹향'으로 알려져 있다. 해방이 되고 '예육회'라는 문화예술단체를 결성한 고 이창수 선생이 자택 지하에 마련한 감상실이다. 향촌동은 조선시대 경상감영이 자리했던 대구의 중심부이자 부촌이었다. 한국전쟁이 발발하자 예술가, 문인, 지식인들도 피란길에 나서야 했는데 그들 중 상당수가 향촌동에 모여들었다. 향촌동에는 녹향을 비롯하여 다방, 극장 등 당대의 문화공간이라 할 수 있는 곳들이 상당수 밀집해 있었다. 1951년 문을 연 '르네상스'는 1883년 창간된 미국의 음악 잡지 「에튀드Etude」의 1953년 10월호에 '코리아 콘체르토Korea Concerto'라는 제목으로 소개되기도 했다.

김수억 어른은 서울에서 목재상을 하다 대구로 피란을 왔다. 피란 중에도 음반을 사 모을 만큼 알아주는 클래식 애호가였다. 그가 저녁마다 녹향은 물론 향촌동의 다방을 찾아 예술가들과 어울린 것은 자연스러운 일이었다. 휴전이 되었지만 서울로 돌아갈 수 없었던 것도 음반 때문이었다. LP판과 LP판이 나오기 전에 생산된 SP판까지, 어렵사리 모은 음반들을 안전하게 옮길 방법이 없었다. 외부 충격에 쉽게 파손되어 집에서도 애지중지 했으니 결국 대구에 정착해 1957년 5월 화전동, 당시로서는 가장 번화했던 대구극장 앞 건물에 음악감상실을 열었다.

휴전이 되고 1954년 서울로 옮겨간 르네상스는 1987년에 문을 닫았고, 녹향은 2011년 창업주 이창수 선생이 작고하면서 유족이 관련 기자재 일체를 대구시에 기증해 이후 향촌문화관

〈그 시절, 음악 한 곡〉, 420x290mm, pen on paper, 2021

지하에 재현됐다. 대구 일대에서 초기 음악감상실 문화를 자생적으로 이어가는 곳은 하이마트가 유일하다.

대체할 수 없는 행복

1960~70년대 50평 남짓의 음악감상실에는 하루에도 수백 명이 드나들었다. 대학생 동아리 문화가 발달하면서 1980년대 초반까지 음악감상실의 인기는 대단했다. 교향곡은 한 곡만 틀어도 1시간이 훌쩍 넘어간다. 신청곡이 밀리기 일쑤였다. 교향곡, 콘체르토, 소품, 가곡 등 다양한 형식의 클래식을 적절히 배치해 선곡표를 짜야 했다.

김수억 어른이 1969년 작고하고 음악감상실 운영은 아내 박정삼과 외동딸 김순희의 몫이 되었다. 효성여대 영문과를 졸업하고 중학교 영어 교사 발령을 받아 출근을 앞두고 있던 딸 김순희는 교직 대신 음악감상실을 택했다. 학창 시절엔 일요일에도 교복을 빳빳이 다려 입고 감상실 일을 도왔던 순희다. 툴툴댄 적도 많았지만 어느 틈엔가 순희에게도 음악은 삶의 일부분이 되어 있었다.

하이마트 음악감상실은 1983년 화전동에서 현재의 공평동으로 이전했다. 그 무렵 눈에 띄게 손님이 줄기 시작했지만 중심 상권이 이동하는 시기를 기회 삼아 과감히 자리를 옮겼다. 집집

마다 카세트나 전축을 들여놓는 일이 유행처럼 번지던 때다. 귀로 듣던 음악을 눈으로 보는 시대로 전환되던 때다. 감상실에도 갖춰야 할 장비들이 늘었다. 실내 장식에도 신경을 썼다. 정면 무대는 적벽돌을 쌓고 스테인드글라스 창문 형식으로 멋을 내 예배당에 들어온 듯 고풍스러운 분위기로 꾸몄다. 한쪽 벽 가득 베토벤, 브람스 등 고전 음악가와 오케스트라의 한 장면을 담아낸 부조는 가히 압도적이다. 김수억 어른 1주기에 맞춰 단골이었던 조각가 김익수 선생이 만든 석고 작품으로, 공평동으로 이

전하면서 브론즈 톤으로 칠해 분위기를 바꿨다. 감상실 구석 자리에는 뮤직 박스를 마련했다. 반세기가 넘도록 대를 이어 수집한 LP판 수천 장이 빼곡하니 이 또한 볼거리가 됐다.

애를 썼지만 음반 시장이 아날로그 방식의 LP에서 카세트테이프, CD, 디지털 음원으로 진화를 거듭하며 음악감상실은 음악을 듣는 장소로서 장점을 잃게 됐다. 3대 박수원 대표는 재정적인 측면에선 음악감상실을 유지하는 것이 말이 안 되는 일이지만 '가족의 행복'을 생각했을 땐 이를 대체할 수 있는 것이 없다고 했다. 젖먹이 때부터 하이마트가 집이자 놀이터였던 그에게도 음악은 삶의 일부분이다. 어머니의 반대에도 몰래 오르간을 익혀 결국 음악가의 길을 걷게 된 그다.

내가 좋다고 생각하는 것을 선물하는 마음으로

유럽 사회에서 클래식은 전통이고 역사다. 유럽 사람들은 클래식의 가치를 역사적 경험으로 알고 있다. 말로 설득할 필요가 없는 장르다. 그러나 전후 한국 사회에서는 배부른 소리고 사치에 가까웠을 거다. 박수원 대표는 그 어려웠던 시절에 '클래식 음악을 함께 나누는 자리를 만들고 싶다'던 외할아버지의 욕망이 어디에서 나왔는지 가만히 짚어보게 된다고 했다.

"선물하는 사람의 심리와 비슷하다고 생각합니다. 우리가 누군가에게 선물할 적에 내가 좋아하는 것, 내가 좋다고 생각하는 것을 선물하잖아요. 그랬던 것 같아요. 내가 이 음악을 들어보니 참 좋은데, 혼자 듣긴 너무 아깝다. 함께 듣고 싶다. 일반적인 상황이라면 공연장에서 작곡가와 연주가들이 고민해야 하는 일이죠. 그걸 그 힘들었던 시절에 오케스트라는 물론이고 클래식 공연을 경험해보지 못한 보통의 사람들이 동경하고, 음반으로 듣고, 그 음악을 좋아하게 되면서 꿈꾼 거예요. 이것이 당시 음악감상실의 핵심이 아닐까 합니다."

박수원 대표는 턴테이블에 판을 얹어 외할아버지가 쓰던 피셔 진공관 앰프로 감상하기를 즐긴다. 그러나 그 방식이 온전히 최고라 생각지는 않는다. 외할아버지 대에는 대가라 하는 음악가만이 음반을 낼 수 있었다. 당연히 좋은 음악이 LP로 기록됐다. "한 시대의 테크닉에는 그 시대의 모습이 담겨 있어요." 그러나 다양한 방식으로 음악이 소비되는 오늘날에는 특정 방식을 고집하기보다는 음악을 많이 듣고 경험할 수 있으면 더 좋지 않겠냐고 되물은 그는 음악의 아름다움을 나누기 위한 공간이라는 이곳 하이마트의 근본정신은 그대로 유지하되 운영에는 조금 변화를 줄 계획이라고 했다. 클래식은 애초에 대중을 위한 음악이 아니었다. 마음만 열면 누구나 잘 감상할 수 있다는 건 속임수다. 클래식은 공부를 하지 않으면 익히기 힘든 음악이다. 지금으로서는 연주를 통해 음악을 나누는 방식을 생각하고 있다. 음악을 통해 좀 더 인격적인 관계를 맺을 수 있는 자리를 만들고 싶다고 했다. 그의 외할아버지 때보다 더 많은 사람들이 이곳에 드나들게 되기를. 기대감은 기시감으로 전환되고 있었다.

1963

SINCE 1963

WHERE 강원 속초시 영랑호반길 69-4

18 나무 그늘 아래서 추억으로 남을 한판 승부

보광미니골프장

분명 해가 쨍한 날인데 잔잔한 햇살이 공기 중에 흐를 뿐 눈을 조금도 찡그릴 일이 없다. 머리 위로 나뭇가지들이 팔 벌려 자연의 그늘막이 되어주는 덕분이었다. 눈앞이 한결 더 시원하게 느껴진 것은 키다리 소나무 아래에 펼쳐진 보광미니골프장의 새하얀 골프코스 덕이지 싶다. 퍼뜩 골프의 퍼팅라인이 떠오르지만 그것과는 다른, 그래서 일단은 '재미있다'라고 밖에 설명할 길이 없는 골프코스가 솔밭에 오밀조밀 들어차 있는데, 그 사이

사이 서로 옥신각신하다가도 끝내 까르르 웃고 마는 사람들이 삼삼오오 달뜬 얼굴을 하고 있었다.

손으로 매만져 만든 17개의 코스, 얕보다가 반하고 마는 묘미

골프인 듯, 골프 아닌, 골프 같은 너. 말장난이 아니다. 미니골프는 20세기 초 골프의 퍼팅에 초점을 맞춰 개발된 종목으로 서구에서는 생활체육의 하나로 자리 잡았다. 9의 배수로 구성되는 코스가 퍼팅라인 형태로 구현되는데, 9홀 또는 18홀이 보통이지만 필드 골프에 비해 확실히 규모는 작다. 그러나 규모의 차이보다는 인조 잔디, 펠트, 콘크리트, 시멘트 등을 바닥재로 사용할 수 있고, 코스마다 터널, 튜브, 풍차와 같이 움직이는 장애물과 다양한 소품이 설치되는 것이 골프와 구분되는 이 종목만의 특징이다. 미니골프를 단순히 골프의 축소판이라 할 수 없는 이유이기도 하다.

보광미니골프장의 창업주 고 이춘택은 평양 출신으로 1951년 1·4후퇴 때 속초에 와 중앙시장에서 잡화점 '아스라양행'을 운영했다. 그러나 5·16 군사정변 이후 외제품이 판매는 물론 사용 자체가 금지되면서 가게 문을 닫게 되었다. 갑작스러운 상황에서 고심하던 가운데 떠오른 것이 원산에 있었다는 골프장이다. 정확한 규모와 형태가 기록으로 남아 있지 않지만 대한제국기 원산해관에 고용되었던 영국인들이 6홀 규모의 골프코스를 만들어 즐겼다는데, 현재까지 그때의 골프장이 우리나라 골프의 시초로 알려져 있다. 이후 일제 때인 1929년에도 원산 송도해수욕장 부근에 9홀의 골프코스가 생겨 1943년까지 운영되었다. 창업주의 장남이자 대를 이어 보광미니골프장을 운영하고 있는 이창배 대표는 그 골프장들을 아버지께서 직접 본 적이 있는지, 아니면 그런 것이 있다고 들은 것인지는 확실치 않지만 원산의 골프코스를 참고하여 보광미니골프장을 구현한 것은 분명하다고 말했다.

1963년 개점 당시에는 '보광골프장'이라고 간판을 달았다. 돌이켜 보면 골프라는 것 자체를 모르는 사람이 더 많았던 때다. 골프채로 골프공을 치는 게임이니 규모가 작아도 골프는 골프였다. 골프코스는 창업주 고 이춘택이 직접 고안하고 시공했다. 그래서 보광미니골프장의 골프코스는 세계미니골프연맹WMF에서 규정한 미니골프와는 또 다르다. 간혹 골프장에 들어서자마자 아담한 골프코스의 모양새를 보고는 바닥에 주저앉아 땅을 치며 웃어젖히는 이들이 있다고 했다. 분명 얕보는 투인데, 일단 게임을 시작하면 태도도 표정도 완전히 딴사람이 된단다. 길고 짧은 정도나 좁고 넓은 정도가 코스마다 다른 데다가 하나하나 손으로 미장하여 특유의 질감과 굴곡까지 있으니 '골프 좀 쳐봤

〈우리 동네 골프장〉, 420x330mm, pen on paper, 2021

다' 해서 식은 죽 먹기도 아니거니와 그 손맛이 다르다. 밀당의 고수처럼 아주 묘한 승부욕을 자극한다.

세상에서 하나뿐인 골프장

창업주 고 이춘택은 1963년 아홉 개 코스로 시작해 매년 하나둘씩 코스를 추가해 1971년에 현재의 17개 코스를 완성했다. 3번, 4번, 10번, 11번 코스가 개장할 때부터 유지되고 있는 코스다. 경사진 길을 타고 올라 경치를 감상한다고 해서 4번 코스에는 '등경탑登景塔', 문은 쉽게 통과하지만 홀에는 들어갔다가 돌아나오기도 쉬워 좋다고 웃다가 낭패를 본다 해서 12번 코스에는 '소고문笑苦門'이라 이름 붙였다. 이처럼 각 코스에 저마다의 특징과 의미를 담은 작명이 인상적이다. 맨 마지막 17번 코스 '아폴로Apollo'는 유일하게 한자어 조합이 아닌 외래어인데, 1969년 달에 착륙한 아폴로 11호의 궤도처럼 공이 한 바퀴 돌아 나와야 득점을 할 수 있는 코스다. 다른 코스와 달리 퍼팅이 아닌 스윙을 가미한 것도 독특하다. 이곳에서 대역전이 일어나는 경우가 많아 손님들이 가장 재미있어하는 코스이기도 하다.

일반적인 미니골프는 한 코스에 한 개의 홀이 있고, 가장 적은 타수를 기록한 사람이 승자가 되지만 보광미니골프장은 한 코스에 홀이 여러 개고, 홀마다 점수도 다 다르다. 점수도 세 번씩 쳐서 모두 합산해야 한다. 빨간색 라인을 넘어가면 5점이 감점되는 등 변수도 많다.

"코스마다 세 번씩 쳐서 17번 코스까지 오려면 시간이 꽤 걸려요. 그래서인지 한 번씩만 치는 분들도 있고, 세 번 친 것 중에 최고 점수만 기록하는 분들도 많아요. 여행 오신 분들은 다른 데도 구경하셔야 하니까 첫 번째나 두 번째에 최고점이 나오면 바로 다음 코스로 넘어가기도 하고요. 시간을 줄이는 방식을 좋아하는 것 같아서 저희도 요즘엔 두 가지 방식을 다 말씀드려요. 세 번씩 쳐서 합계를 내도 좋고, 세 번 중에 최고점으로 점수를 매겨도 좋다고요."

창업주의 독창적인 코스 개발과 손님들이 만든 새로운 경기 규칙이 조화를 이루니 보광미니골프장 앞에 '세상에서 하나뿐인 골프장'이란 수식어를 붙이는 데 주저할 이유가 없다.

일반 골프코스에 익숙한 손님들은 코스 하나를 더 만들어 18홀을 완성하는 것이 좋지 않겠냐고 묻곤 한다. 그럴 때마다 이창배 대표는 손님들이 게임을 하며 함께 이야기를 나누고 어우러지는 쉼터가 보광미니골프장의 18홀이라고 소개한다. 사실 코스를 하나 더 만들어볼까 고민을 해봤는데 딱히 떠오르지가 않아 궁여지책으로 18홀의 의미를 둘러대고 있다고 했다. 겸손의 말씀이다. 여럿이 어울리는 것이 어느 때보다 그리운 시절이

라 그런지 전혀 궁하게 느껴지지가 않았다.

추억의 공간을 넘어 추억을 만들어가는 공간으로

속초에서 나고 자란 사람이라면 보광미니골프장을 모르기가 쉽지 않다. 속초의 대표적인 유원지인 영랑호 호숫가에 자리한 데다 속초에서 가장 유명한 사찰인 보광사를 마주 보고 있다. 가끔 보광사에서 운영하는 골프장인 줄 잘못 알고 '절에 왔는데 공짜로 치게 해줘야 하는 것 아니냐' 으름장 놓는 이들이 있을 만큼 언뜻 봐선 보광사와 한 덩어리로 느껴진다. 거기다 지금도 숲이 참 좋은데 1960~80년대 이곳은 죄다 솔밭이었다. 당시 속초에서 이만한 나무 그늘 아래에 쉴 수 있는 곳이 드물었으니 봄가을이면 인근 학교에서 이 솔밭으로 소풍을 왔다. 직접 게임을 해보진 못했다 하더라도 속초에서 학창 시절을 보낸 이들 가운데 상당수가 보광미니골프장을 추억의 장소로 떠올리는 이유다.

1982년 통행금지가 해제됐을 때는 얼마간 24시간 운영을 했다. 드디어 자유를 만끽하게 됐는데 속초에서 달리 갈 데가 없었다. 당구장에 가듯 골프장을 찾는 이들이 밤늦도록 골프도 치고, 기분 좋게 한잔 마시기도 했다. 감자전, 도토리묵 같은 별미를 팔기 시작한 것도 그때부터다. 장사가 잘돼 좋았겠다 싶지만 도저히 감당이 안돼 나중에는 손님들에게 제발 좀 집에 가시라 사정을 해야 했다.

2006년 창업주 이춘택 어른이 돌아가시고 아내 김기화 여사가 홀로 골프장을 운영했지만 세월이 흐른 만큼 놀이 문화도 바뀌면서 손님들 발길이 뜸해졌다. 2015년에 김기화 여사가 작고하셨는데 그 이전 몇 년간은 서울 병원에 오가며 가게 문을 닫는 일도 잦았다. 단골들 사이에서 '그 집 이제 장사 안 한다' 하고 소문이 났다. 법을 공부하고 대학에서 학생들을 가르치던 아들 이창배는 어머니 김기화 여사께서 작고한 후 아내 조혜련과 상의해 서울에서 고향 속초로 내려왔다. 처음부터 이 집을 파는 것도 세를 놓는 것도 선택지에 없었다.

"이 골프장의 생명은 아버지가 만든 골프코스지만 나무들도 정말 중요해요. 부모님께서 여기 나무들을 참 귀하게 여기셨어요. 그래서 이만큼 오래가는 거고요. 어머니 계실 때도 절대 세를 주면 안 된다고, 그러다 망가지면 어떡하나 걱정을 하셨어요. 저희도 당연히 우리 손으로 지켜야 한다고 생각했고요. 골프장도 나무들도."

1층은 매점과 조리 공간으로, 2층은 살림집으로 사용하는 본채와 단층으로 된 두 개의 쉼터까지 모두 창업주 이춘택이 손수 지었다. 건물을 지을 때에도 소나무를 해치지 않도록 기둥을 세우고 벽을 쌓았다. 소나무가 천장을 뚫고 솟아오른 모양새도 그 때문이다. 이창배 대표는 비바람에 나무가 흔들리고 휘어서 위험하다 싶은 것들은 잘라내기도 했지만 앞으로도 집은 고쳐도 소나무는 베어내고 싶지가 않다고 했다. 부슬부슬 비가 내리는 날에도 아는 사람은 안다. 억수같이 퍼붓지만 않으면 그 소나무들이 해를 가려주는 만큼 비도 막아준다는 것을.

개점할 당시의 '보광골프장' 간판이 오래되어 떨어진 후 꽤 오랜 시간 간판 없이 영업했다. 속초 사람들은 다 아는 곳이었으니 간판이 필요 없었다. 보광미니골프장 간판을 새로 단 건 자동차 내비게이션이 나온 후의 일이다. 이제 아는 길도 내비게이션을 따라가는 시대다. "새로 알리는 것도 어려운 일이지만 한번 돌아선 발걸음을 되돌리는 건 더 어려워요."

최근에 보광미니골프장이 제법 방송에도 나오고, 다녀간 손님들이 SNS에 인증 사진도 올려서 "문 닫은 거 아니었어요?"라고 되물으며 들어서는 옛 단골들이 꽤 있다. '엄마 아빠 연애할 때 여기 자주 왔다' 하는 목소리도 들리고, '이거 진짜 꿀잼이다!' 하는 목소리도 들린다. 다시 찾아온 손님들은 반갑고, 멀리서 찾아와주는 손님들은 고맙고. 보광미니골프장은 추억의 공간을 넘어 추억을 만들어가는 공간으로 마주 본 이들을 웃음 짓게 하고 있었다.

SINCE 1968

WHERE 강원 춘천시 이디오피아길 7

19 좋은 커피는 서로를 기억하게 하는 법

이디오피아집

1968년 11월 25일에 문을 연 이디오피아집은 로스터리 전문점이다. 1968년이면 국내에선 북한의 특수요원들이 청와대를 습격하려 세검정까지 침투했던 1·21사태가 일어났고, 카페 하면 떠오르는 프랑스 파리에선 학생과 근로자들이 연합하여 68혁명을 일으켰던 해다. 동서양을 막론하고 나라 안팎으로 많은 대립과 다툼이 있었던 냉전의 시대였다. 우리나라에는 이미 개화기에 커피가 들어왔고 냉전보다 더 막막했던 일제강점기에도 카페가 성업했다지만 사실 그때의 커피와 카페는 상류층과 지식인, 예술가 등 일부 계층에 한정된 문화라고 보는 것이 맞겠다. 국내에서 커피가 대중 기호식품으로 자리매김한 것은 동서식품이 싼값에 빠르고 쉽게 만들어 마실 수 있는 커피믹스를 발매하면서부터다. 1970년 분무건조커피로 개발된 '맥스웰하우스', 1980년 동결건조커피로 발매된 '맥심' 등의 커피믹스가 우리네 일상에 스며들었다. 집에서도 갓 추출한 신선한 커피를 즐기는 문화가 확산되고 회사에 아무리 좋은 커피 머신이 있다 해도 커피믹스는 주방 또는 탕비실 한쪽에 쟁여두지 않으면 안 될 필수품이 아니던가. 그런데 그보다 더 앞선 1968년 그 불안했던 시대에 서울도 아니고 춘천 공지천변에 로스터리 전문점이 생겼다니 심상치가 않았다.

적어도 우리에겐 자유와 평화의 열매인 커피콩

이디오피아집이 문을 열 수 있었던 건 공교롭게도 전쟁 '덕분'이었다. 1950년 한국전쟁이 발발했다는 소식을 접한 이디오피아의 황제 하일레 셀라시에 1세Haile Selassie I는 우리나라에 자신의 근위병을 중심으로 구성한 칵뉴Kangnew 대대를 유엔군의 일원으로 파병했다.

"가거라! 모두 맹렬하게 싸워 전사하거라. 너희 죽음의 대

이디오피아 집

〈빈티지 카페〉, 400x250mm, pen on paper, 2021

가로 자유라는 것을 저희들 손에 꼭 안겨주거라. 우리 민족이 과거 이탈리아인들에게 무엇을 당해왔는지는 짐도 너희도 모두 잘 알고 있다. 그걸 알면서 모른 척한다면 침략자들보다 더 못한 더러운 위선자일 뿐이다."

이디오피아는 이탈리아로부터 1895년, 1935년 두 차례 침략을 받았다. 당시 황제는 국제사회에 호소했지만 별다른 도움을 받을 수 없어 외국으로 망명하기까지 했다. 나라를 되찾고 안정화하는 데 숱한 어려움을 겪은 황제에게 일제 식민 지배에 이어 진영 간의 대립으로 전쟁에 이른 우리나라의 현실은 먼 나라 남의 일이 아니었다.

황제의 명을 받은 정예군이 한국에 도착한 것은 1951년 5월. 이후 1965년 3월에 철수할 때까지 이디오피아에서는 총 6,037명을 파병했다. 전사와 부상의 아픔은 피할 수 없었지만 포로는 단 한 명도 나오지 않았을 만큼 칵뉴 대대의 투지는 놀라웠는데, 더 놀라운 것은 휴전이 된 후에도 동두천에 '보화원'이라는 보육원을 세워 전쟁고아들을 보살피는 등 구호 활동을 이어나갔다는 점이다.

칵뉴 대대의 활약상을 기억하고 있던 춘천 시민들은 1968년 공지천변에 이디오피아참전기념비를 건립했다. 소식을 들은 황제가 그해 5월 19일 제막식에 맞춰 춘천을 찾았다. 그날 황제는 기념탑이 세워진 춘천 공지천변에서 당시 내무부 장관 김현옥에게 그 자리에 이디오피아 문화를 알리는 장소가 마련되었으면 좋겠다는 바람을 전했다. 그렇지만 안보와 국가 체제를 공고히 하는 데 모든 역량을 집중하고 있었던 우리 정부는 여력이 없었고, 고심에 빠졌다. 그때 전후 사정을 알게 된 김현옥 장관의 외조카 김옥희가 자신이 그 일을 해보겠다고 나섰다.

이디오피아는 커피의 발상지로 널리 알려져 있다. 이디오피아 문화를 알리는 일은 곧 사람들에게 이디오피아 커피를 알리고 마시게 하는 일이었다. 그러나 사범대학을 졸업하고 초등학교 교사로 생활하던 김옥희가 교직을 그만두고 커피를 팔겠다고 하자 집안에서 난리가 났다. 요즘에야 카페 운영을 로망으로 생각하지만 당시에는 '물장사'라고 해서 낮추어 보는 경향이 있었다. 강단이 있었던 김옥희는 가족들의 만류에도 퇴직금으로 공지천변 빈터에 집을 지었다. 이디오피아참전기념비 제막식 때 황제가 머물렀던 바로 그 자리였다.

단 하루 쉬는 날 없이 커피 향 나는 집으로

개인이 사재를 털어 기념관을 짓는다는 소식을 접한 하일레 셀라시에 1세는 기념관을 '이디오피아 벳'이라 명명하고 친필 휘호를 새긴 현판을 보내왔다. 벳은 이디오피아 언어로 '집'

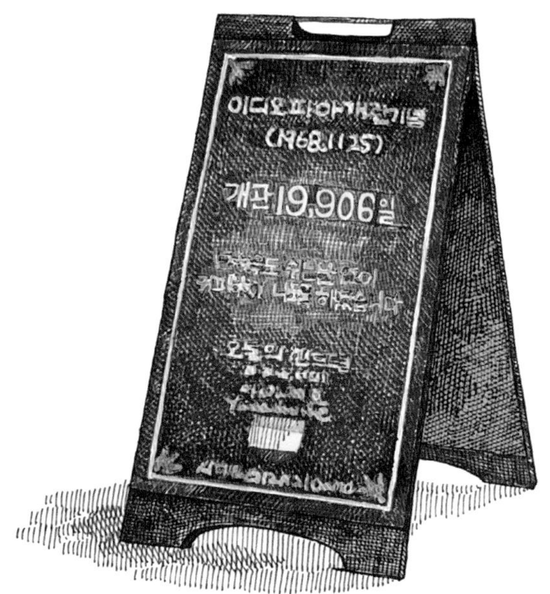

이라는 뜻이다. 또한 황제의 상징인 황금사자 문양을 사용할 수 있도록 했다. 무엇보다 외교 행낭을 통해 생두를 보내왔다. 황제가 즐겨 마신 하라르Harrar와 이르가체페Yirgacheffe, 시다모Sidamo 이 세 종은 1968년부터 지금까지 이디오피아집의 시그니처 커피다. 이디오피아 대사관이 설립된 것이 1992년 7월이니 당시 생두는 부득이 일본 대사관을 통해 전달받았다. 황제는 생두를 보낼 뿐만 아니라 현지 커피 전문가도 파견했다. 김옥희는 약 6개월간 일본 대사관을 드나들며 로스팅을 배웠다. 그러는 동안 함께 교직 생활을 한 남편 조용이도 사직하고 아내가 하는 일에 힘을 보탰다.

부부는 생두를 조금씩 봉투에 담아 초등학교부터 대학교까지 전국의 학교에 보냈다. '이 열매는 커피라는 것인데…'라고 설명을 보태 이 커피콩이 어떻게 우리나라에 오게 되었는지를 알리고자 했다. 고마움을 알고 새로운 문화를 알아갈 수 있도록 한 것인데 전직 교사다운 면모였다.

춘천 공지천변에 제대로 된 커피를 마실 수 있는 카페가 있다는 소문이 대학가를 중심으로 빠르게 퍼져나갔다. 1970~80년대에 서울에서 기차를 타고 춘천에 와 이디오피아집에서 커피를 마시는 것이 꽤 인기 있는 미팅 코스였다고 회상하는 중년의 단골들이 적지 않다. 당시만 해도 카페에 미성년자 출입이 제한되었기에 춘천 소재 고등학생들은 졸업하기만을 기다렸다가 졸업식 날 이디오피아집에서 위스키를 탄 커피를 마시며 자신들만의 성인식을 치르기도 했다.

여덟 살 때부터 생두를 공깃돌 삼아 가지고 놀았다고 회상하는 김옥희의 딸 조수경은 그의 어머니가 그랬던 것처럼 남편과 함께 이디오피아집을 가업으로 잇고 있다.

"어느 날 어머니께서 물으셨습니다. 너는 네 자식을 이름도 모르는 나라 전쟁터로 보낼 수 있겠느냐고. 그러면서 내 자식만은 이디오피아 황제의 정신을 알았으면 좋겠고, 너 또한 네 자식에게라도 알려주었으면 좋겠다고 하셨습니다."

최근 조수경의 아들, 딸, 사위에게로 그 뜻이 전달되어 3대에 걸쳐 커피콩을 볶고 커피를 내리고 있는 이디오피아집은 1968년 11월 25일부터 오늘까지 단 하루도 쉬는 날 없이 문을 열고 있다. 이디오피아집 출입구에 오늘이 개관 며칠 째인지를 알려주는 입간판을 세운 것은 지난 50여 년 단 하루도 쉬는 날 없이 문을 열었다는 방증이자, 앞으로도 커피 향 나지 않는 날 없도록 하겠다는 다짐이다.

정신을 깨우고 대화를 이끌고 서로를 기억하게 하는 커피

이디오피아집에서는 최상급의 생두를 로스팅하여 3일간 숙성시킨 다음 결점두를 일일이 손으로 골라낸다. 벌레 먹어 구멍이 생겼거나 곰팡이가 피었거나 또는 제대로 익지 않아 커피의 풍미를 해치는 커피콩을 결점두라고 하는데 이디오피아집에서 로스팅할 때마다 골라내는 결점두는 1kg당 200g에 달한다. 그리고 결점두를 골라낸 원두는 1주일 안에 소비하는 것이 원칙이다. 그뿐만 아니라 커피콩 만지는 손은 손톱을 길러서도 안 되고 반지를 끼는 것도 금물이다. 화장이나 염색도 하지 않는다.

커피의 맛과 향을 해치는 행동을 스스로 멀리하는 것이 이디오피아집 로스터들의 몸에 밴 일상이다. 조수경은 이렇게 고되고도 정성스러운 과정을 거쳐 핸드드립으로 내린 이디오피아집의 커피가 '커피의 기본'이라고 했다. 그 기본을 지켜 더 신선하고 좋은 풍미의 커피를 맛보이고 싶다고 했다. 최고가 아니라 기본이 맞느냐 되묻는 말에 "최고인지는 손님들이 판단하시는 것이고, 저는 제가 하는 일이 기본이라고 생각합니다."라고 답했다.

"어머니께서 황제의 정신을 기억하고 알리는 것을 정말 중요하게 생각하셨다면, 저는 지금까지 커피 맛에 더 집중했습니다. 커피의 발상지가 이디오피아고, 이디오피아집이 대한민국 최초의 로스터리 전문점이지만 그러한 역사가 있다 해도 맛이 없으면 결국 문을 닫을 수밖에 없습니다."

이 연장선상에서 이디오피아집은 커피 맛을 연구하는 데는 노력을 아끼지 않지만 공간을 단장하는 데에는 힘을 뺐다. 공간에 투자할 돈이 있다면 그 옛날 우리가 받은 도움을 이디오피아에 갚는 것이 옳다고 판단하여 실제 수익금의 일부를 이디오피아 돕기 사업에 쓰고 있다고 했다.

이디오피아집 로스터들이 한 가지 더 바라고, 또 노력하는 것이 있다면 우리 커피 문화에 이디오피아의 '분나Bunna' 정신을 접목시키는 일이다. 분나는 이디오피아 고유어로 커피를 가리

키는 말이다. 이디오피아에는 '분나 마프라트Bunna Maflat'라는 전통이 있다. 흔히 '커피 세레모니'라고 하는 일상 의례다. 먼저 숯을 달구어 준비해둔 커피콩을 볶은 다음 절구에 빻아 커피 가루로 만든다. 그러고는 커피 가루를 '제베나Jebena'라고 부르는 도기 주전자에 넣어 끓인다. 이렇게 정성 들여 끓인 커피는 '시니Sini'라고 하는 손잡이 없는 작은 잔에다가 각자 세 잔을 마신다. 첫 잔은 '너의 이야기를 듣는' 우애의 잔, 두 번째는 '나의 이야기를 하는' 평화의 잔, 세 번째는 '서로 조화를 이루고 번영을 기원하는' 축복의 잔을 의미한다. 두 시간 남짓 소요된다는 이 의식은 귀한 손님을 맞을 때나 정치적 의사결정을 할 때 등 사회 전반에 걸쳐 광범위하게 적용되고 중요한 역할을 하는데 맥락은 같다. 이디오피아에서 분나, 즉 커피는 '소통'과 같은 말이다.

잠깐 생각에 빠졌다. '카페'는 프랑스어로 커피를 가리키는 말이지만 커피 문화가 발달하면서 커피를 파는 집, 나아가 커피를 마시며 담소하는 공간으로 의미가 확장됐다. 특히 한국 사회에서는 정보를 교환하고 의견을 개진하는 등의 활동이 이루어지는 온·오프라인 커뮤니티에 카페라는 용어를 접목할 만큼 우리에게 카페는 '소통의 공간'으로 기능하고 있다. 그런데 정말 그럴던가? 어느 순간 예쁜 사진을 찍을 수 있는 공간에 더 후한 점수를 주고, 누군가를 앞에 두고도 휴대전화를 손에서 놓지 않는 내 모습이 떠올라서 얼마나 속이 뜨끔하고 찔렸는지 모른다.

제베나를 두 손으로 감싼 조수경은 '좋은 커피는 정신을 맑게 깨우고 자연스럽게 대화를 이끌고, 그렇게 함으로써 서로를 기억하게 한다'고 했다. 그렇기에 그는 손님들이 이디오피아 커피를 마시며 그 순간들을 만끽할 수 있도록 오늘도 내일도 어제와 다름없이 커피콩을 볶는 하루를 보낼 것이다. 커피 향 머금고 기분 좋게 집으로 돌아가는 길, 나는 춘천행 기차표를 내밀며 "우리 커피 마시러 갈까?" 묻고 싶은 얼굴을 여럿 떠올렸다.

SINCE 1973

WHERE 인천 동구 금곡로 5-1

20 기꺼이 썩어 토양이 될 것이다

아벨서점

야트막한 능선을 이루던 뭍에서 바다로 물이 흐르며 갯골이 형성됐고, 그 갯골 어느 틈새로 바닷물이 드나들어 조그마한 배들이 지나다닐 수 있을 만큼 물길이 났다. 인천 앞바다에 면해 있던 그 갯골 물길로 새우, 소금, 쌀, 석탄과 같은 생활 물자들이 들어왔다. 배를 대었던 다리 주변으로 자연스레 포구 시장이 형성됐다. 사람들은 그곳을 '배다리'라고 불렀다. 지도에서 찾아볼 수 없는 지명 아닌 지명인 배다리는 오늘날 인천 동구 금창동, 창영동, 송현동이 맞물리는 동인천역 일대를 아우른다. 배는 곯아도 정신은 곯지 않으려 애썼던 배다리 사람들 틈에 헌책방이 생겨났다. 전후에 형성되기 시작해 1960~70년대에는 큰길부터 골목 깊숙한 데까지 헌책방이 줄을 이어 '헌책방 거리'를 이루었다. 일제 때 상당 부분 매립됐고, 1980년대 후반에서 1990년대 초반에 도로로 복개되면서 갯골도 물길도 옛이야기가 되었지만 적어도 인천에서 배다리가 여전히 이정표로서의 역할을 하고 있는 것은 이 헌책방 거리가 건재하기 때문이다.

출렁거리며 살았던 시절의 배다리 헌책방

전쟁이 일어난 해에 태어나 일찍이 생활 전선에 나서야 했던 아벨서점 대표 곽현숙은 열여섯이었던 1965년에 월부 책 판매를 하면서 배다리 헌책방에 드나들게 됐다. 일제의 출판 탄압과 전쟁의 영향으로 1950년대까지 우리 출판 시장은 침체되어 있다가 1950년대 후반부터 전집이 나오며 활기를 띠게 된다. 이때 월부 개념이 도입됐다. 을유문화사의 『세계문학전집』, 신구문화사의 『세계전후문학전집』 등의 문학 전집이 크게 성공을 거두었다. 펼쳐 읽기보다는 거실 한쪽에 진열해놓기 좋은 장식품으로 더 인기가 좋았다는 뒷이야기가 있지만, 견본을 들고서 길을 걸으면서도 책을 읽을 수 있었던 그 시기가 현숙에게겐 참 좋은 나날들이었다.

인천 배다리는 물론이고 부산 보수동, 그리고 서울 청계천변에 헌책방들이 오밀조밀하게 모여 헌책방 거리를 이루게 된 것은 우연한 일이 아니었다. 나라를 빼앗겨, 전쟁을 피해, 자본에 휘둘려… 그렇게 밀려난 사람들의 터전이었다. 현숙의 표현을 빌리자면 '송곳 하나 들어갈 틈 없이 정신이 팽팽했던 사람들이 출렁거리며 살았던' 곳이 배다리다. 헌책방은 출렁이며 산 사람들에게 먹지 않아도 배부른 마음의 양식을 맛보게 했다. 열 가지도 넘는 직업을 거쳤다는 현숙도 그 맛을 알아버렸고, 그때 만난 책들이 자신을 끝내 책방 주인으로 살게 했다고 회상했다. 현숙은 1973년 11월 배다리에 아벨서점을 열었다.

처음엔 지금의 창영감리교회 복지관 앞자리에 있었다. 네다섯 평 남짓의 작은 가게였다. 당시 상당수의 책은 고물상에서 구했다. 책이 귀하면서도 허투루 버려지기도 했던 때다. 책으로 읽히기보다 낱장으로 찢어 포장지로 쓰임이 많았으니 고물 더미에서 온전한 책을 건져오는 날이면 그렇게 기분이 좋을 수가 없었다.

1974년 서울에 전철이 개통되면서 손님이 조금씩 줄기 시작했고, 하나둘 문 닫는 헌책방들이 생겨났다. 서울 왕래가 보다 용이해졌고, 무엇이든 서울에서 구하기가 더 쉬웠다. 책도 마찬

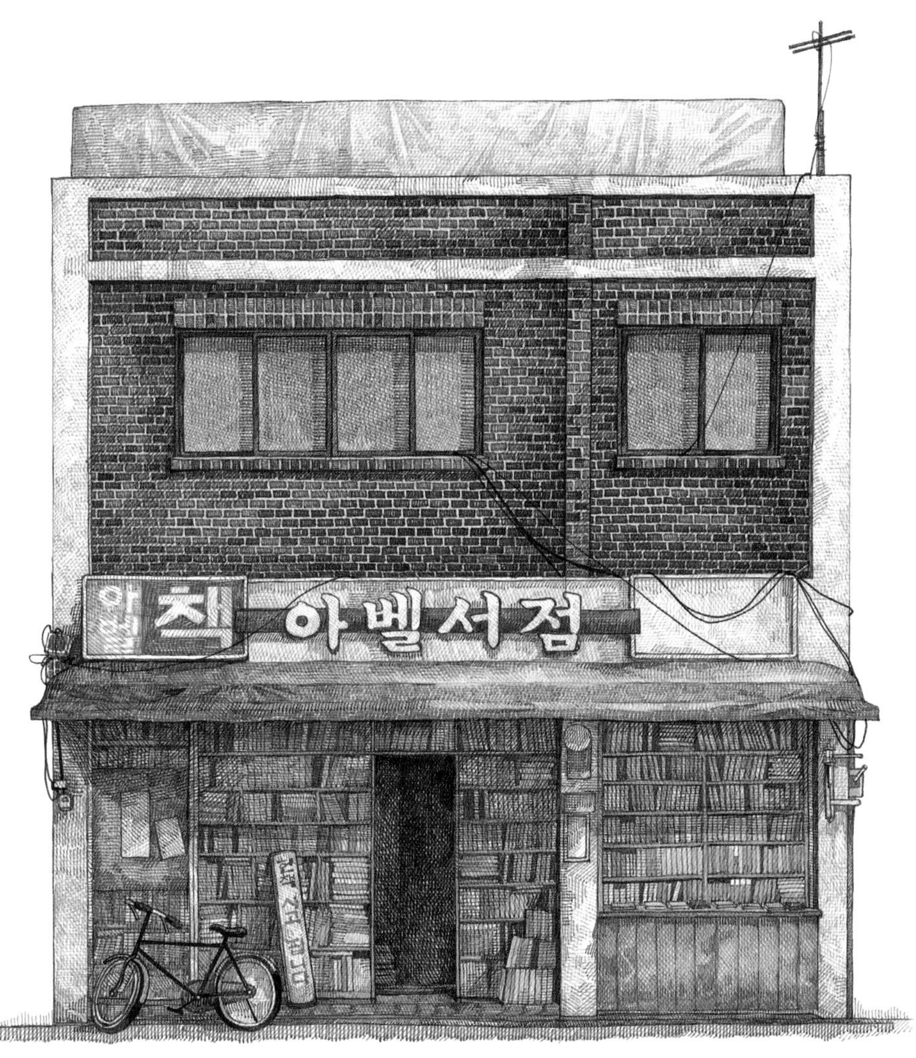

〈오랜 이야기가 쌓인 서점〉, 280x280mm, pen on paper, 2021

가지였다. 밑천 없이 장사하던 현숙도 주인이 집을 팔고 이사를 가면서 6개월여 쉬다가 1975년 다시 가게를 얻어 책방을 열었다. 그 무렵 박정희 전 대통령이 '한글 전용 정책'을 펼쳐, 새로 낸 책방은 '정은 서점'이라 간판을 걸었다.

책방을 떠나 있기도 했다. 1979년에 책방을 그만두고 2년 동안 '세상 구경'을 했다. 그러나 배다리에 돌아왔고, 다시 아벨서점의 문을 열었다. 세상 구경을 하던 어느 날, 김구 선생의 『백범일지』를 읽고는 확신이 들었다. 처음부터 완성된 것은 없구나, 열심히 하다 보면 차차 만들어지는 것이구나, 그러니 묵묵히 한 길을 걷다 보면 어느 순간 내 삶도 완성이 되겠구나. 삶을 어찌 살아야 할지 기준이 선 현숙은 자신을 헌책방에 있게 해달라고 기도했다. 실은 마음먹기에 달린 일이었다.

살아 있는 글이 살아 있는 가슴에

현숙은 떠올리면 아직까지도 가슴이 내려앉을 만큼 엄청난 악서를 본 적이 있다고 했다. 그 기록은 작가의 자기 고백이었기에 더 놀라웠다. 그런데 책을 덮는 순간 현숙은 말할 수 없이 부끄러워지는 자신을 발견했다. 그 고백이 너무 낱낱인데 '나는 그런 고백을 할 수 있는가?' 하는 물음이 생겨서다. 가슴이 뜨거워지면서 모든 책은 성서라는 걸 그때 알게 됐다.

"정신을 끌어내는 역사가 책을 만들어온 역사더군요. 혼을 들여 사실을 사실로 밝혀내는 것이 최고의 명작이고요. 결국 책이 무어냐. 살아 있는 것을 추구하는 자들의 기록입니다. 그 기록 속에 어떤 기운이 흐르는데 그것을 먹고사는 것이 사람이고요. '살아 있는 글이 살아 있는 가슴에'가 저의 표어인데 그런 뜻입니다."

배다리 헌책방 거리에서 매일 문을 여닫는 헌책방은 다섯 곳이다. 한때 40여 곳에 달했지만 이젠 집현전, 대창서림, 삼성서림, 한미서점, 그리고 아벨서점, 이렇게 다섯 곳이 남았다. 대개 헌책방의 일 년 살림은 교과서, 참고서와 같이 학습용 도서를 찾는 손님이 많은 신학기에 축적된다. 자연스레 학습용 도서의 비중이 높아지게 마련이다. 아벨서점은 다르다. 처음부터 분야를 가리지 않고 책을 수집했고, 가급적 다양하게 책을 갖추려 애를 쓰고 있다. 고물상에서 나오는 것도, 인천에서 나오는 책도 한계가 있어 현숙은 책을 찾아 수시로 바깥출입을 한다. 40년 넘게 서울의 거리거리를 걸어 다니며 책을 모아다 주는 '지기'도 있다.

"지금까지 책 장사를 하면서 고서는 내놓지 않았습니다. 그쪽으로는 가보지 않았죠. 어느 레벨에 맞는 사람들을 위한 책방이 있어요. 도서관도 있고요. 저는 그저 마음 한 곳을 쉴 수 있게

하는, 그것을 풀어놓고 가는 곳이 우리 책방이었으면 합니다. 책방에 와서 마음에 맞는 제목과 만나고, 그 책 속에서 자기를 만나 품에 안고 가는 그 한 사람, 한 사람을 위한 책방이고 싶습니다. 마음이 고파서 온 사람들이 슬쩍만 스쳐도 위로를 받고 갈 수 있으면 좋은 거예요."

아벨의 손님들은 대략 10년 주기로 교차된다. 학교에 다닐 때 오고 사회생활 하면서는 못 오다가 결혼해 아이가 크면서 다시 찾아오는 경우가 많다. 그런 손님들이 단골이다. 10년에 한 번, 20년에 한 번 와도 반갑게 먼저 자신의 추억을 건네는 손님들 말이다. 이따금 엄청나게 많은 책을 고르고선 카드 결제를 하겠다는 분들이 있다. 그럴 때면 정중히 거절을 한다. 책을 장식용 물건으로 휘두르는 사람을 보면 마음이 아리다. 한꺼번에 여러 권을 골라 아이에게 안기는 부모도 말린다. 오히려 이음카드라고 인천시에서 발행하는 카드형 지역화폐가 있는데 동네 할머니, 할아버지들이 그 카드를 들고 와 한두 권씩 책을 사 가실 때 책방 하는 보람을 느낀다. 당신의 귀한 친구를 데려가는 것이니 말이다.

오래오래 남기 위해서는 언제고 몸짓이 필요해

스물넷에 처음 책방을 차렸는데 일흔을 넘겼다. 몸의 위기도 느껴봤고, 재가 되는 것이 이런 거구나 싶을 만큼 마음이 삭기도 했다. 특히 2006년 지자체에서 도시재생사업을 추진하면서 배다리를 전면 철거하여 재정비하겠다는 계획을 내놓았을 때 현숙은 한 달을 앓았다. 세상이 오래된 것은 그저 낡았다 보고 새것만 좇아가는 것이 안타까워 2003년 2월 책방 가까이에 있는 옛 양조장에 전시관을 마련한 그였다. 인천양조장 2층을 창고로 빌려 쓰고 있었는데, 숙성실이었던 그곳을 무던히 둘러보다가 '내가 너를 세상에, 사람들에게 보여줄게' 하는 생각이 들었다고 했다.

"내 나름 문화공간을 만들겠다고 노력한 것은 이 배다리가 못 사는 동네가 아니라 잘 살아준 사람들이 일군 동네라는 것, 이 책이란 것도 살아 있는 문화라는 걸 몸으로 말하고 싶었던 거예요. 세상은 상像으로 사는 거라 그 상에 걸맞은 몸짓은 해줘야 하더군요."

지금도 개발 자체를 반대하지는 않는다. 노후화된 것이 문제라면 잘 정비하되 다시 그 터에 뿌리내릴 수 있어야 말 그대로 재생이 아닐까. 당신 한 사람이 책방 일을 그만두는 것은 아무것도 아니라고 했다. 그런데 인천에 이 책방 거리가 없어진다는 것은 무서운 이야기라고 했다.

한 달을 앓고는 기어이 일어나 이웃 주민, 지역의 지식인,

문화예술인들과 함께 부단히 목소리를 냈다. 전시관도 아벨서점 옆 자신이 마련한 건물로 옮겼다. 1층은 인천과 관련된 자료와 예술 서적으로 단장하고, 2층은 전시를 열거나 행사를 진행하는 공간으로 꾸몄다. '시 다락방'이라 이름 붙인 2층에서는 시 낭송회를 시작했다. 2007년 처음 시작할 때는 사회자도 모시고, 사람들을 오게 하려 애를 썼지만 그래서는 지속할 수 없겠다는 생각이 들었다. 13회쯤 되었을 때 현숙은 시 낭송회에 인격을 부여하듯이 '네가 존재하고 싶으면 네가 한번 걸어가 보라' 하곤 아무도 부르지 않았다. 그럼에도 스스로 좋아서 찾아온 사람들이 있었고, 그들 스스로 시 낭송회의 질서를 만들어갔다. 130회가 넘은 지금까지 현숙은 누구에게도 "오셔요? 안 오셔요?" 물어본 적이 없다.

배다리를 살려달라고 배다리가 있어야 한다고 외치고 다녔던 현숙은 막상 배다리에 와서는 배다리가 어떤 곳인지 알 수 있는 데가 없다는 것에 마음이 쓰여 또 새로운 공간을 준비하고 있다. 사실 현숙의 관심으로 미처 알려지지 않았던 배다리의 옛 이야기들이 근래 여럿 발견됐다. 박경리 선생의 유고 시집 『버리고 갈 것만 남아서 참 홀가분하다』를 읽던 중 선생이 인천 동구 금곡동에 살았다는 내용을 우연히 발견했다. 그리고 2011년 9월 원주 토지문화관을 방문했다가 선생이 1948~49년 배다리에 살며 헌책방을 운영했었다는 이야기를 확인하게 됐다. 그에 앞서 2011년 1월에는 조봉암 선생이 복권된 것을 기념하여 선생의 저서 『우리의 당면 과업』을 한 장 한 장 펼쳐 보여주는 '한 권의 책' 전시를 했는데, 우연히 전시를 본 인천일보 기자가 기사를 써 이후 KBS 1TV 〈역사 스페셜〉에서 선생을 재조명하기에 이르렀다. 그 과정에서 과거 조봉암 선생의 선거 본부와 진보당 사무실이 배다리에 있었다는 것이 알려졌다. 현숙은 배다리가 스스로 제 목소리를 낸 것이라 했지만 그간 누구도 듣지 못했던 목소리에 귀를 기울인 것은 그였다. 상황이 이렇게 되자 아벨서점으로 배다리와 관련된 많은 자료들이 모여들고 있다. 현숙은 이 자료들을 잘 정리하여 골목 안쪽 아벨서점 창고 자리에 배다리를 소개하는 또 하나의 전시관을 꾸미려 한다.

"언젠가부터 순간을 즐길 줄은 알지만 자기 몸을 그 속에 담아 꽃피워 보고픈 열망은 없어지기 시작했습니다. 그런데 썩지 않고 피어나는 꽃은 없습니다. 썩어서 토양을 만들어야 합니다. 그런데 왜 내가 썩을 생각을 못할까요? 썩어지는 것만큼 아름다운 토양을 만드는 일은 없습니다. 썩으려고 주저앉아 본 사람은 알게 될 거예요. 그 자리에 생명이 있다는 것을. 스스로가 배울 겁니다. 스스로들의 학교가 될 겁니다. 저는 배다리에서 그런 사회를 꿈꾸고 있습니다."

씨앗은 도처에 있다. 싹을 틔울 우리의 마음 밭이 휑할 뿐. 내 마음 밭은 얼마나 기름진가 더듬어본다. 그리고 아벨서점 서가에 꽂힌 책들을 쓰다듬어보았다. 제목 하나하나를 눈에 담다가 한 권을 골랐다. 욕심내지 않고 딱 한 권. 이상하게도 맘이 설레었다. 현숙이 기어이 썩어 일군 숲에서 내 마음 밭을 일구는 일이었다.

5장

시대에 맞게 잘 살았지요

SINCE 1957

WHERE 충남 천안시 동남구 대흥로 245

21 먹고사는 데 쌀만 한 것이 없었다

역전쌀상회

잠들기 전 클릭 몇 번이면 새벽녘 로켓처럼 쓱 배송해주는 장보기에 익숙해졌다. 무거운 것일수록 더욱. 내겐 쌀도 그런 품목 중 하나인데, 최근에는 밥해 먹는 것도 귀찮고 묵은 쌀에 벌레 이는 것도 겁이 나 즉석밥을 박스째 주문하기 일쑤다. '바쁘다 바빠 현대사회'가 되면서 즉석밥으로 기운 가구가 얼마나 많아졌는지 즉석밥 대표 브랜드 '햇반'의 경우 2019년 한 해에 4억 5,500만 개가 팔렸고, 이는 국민 1인당 즉석밥을 9개씩 먹은 수

치라고 한다. 그러니 천안역 앞에서 70년이 넘도록 처음 모습 그대로 한자리를 지키고 있다는 쌀가게 이야기에 놀랍고 또 궁금해질 수밖에.

중복을 며칠 앞둔 날이었다. 삼계탕을 핑계 삼아 인사 대신 "어르신, 저 찹쌀 좀 주세요." 하고 역전쌀상회에 들어섰다. 얼마가 최소 단위냐고 여쭈었더니 뭐든 달라는 만큼 준다며 포대에서 찹쌀 한 되를 퍼 "이거면 되쥬?" 하신다. 세 사람 몫은 나오고도 남겠다 싶은 찹쌀 한 되가 2천6백 원. 아쉬운 마음에 쌀도 두 되 주시라 하니 쌀이고 뭐고 섞이면 복잡해지는 법, 하나 마무리하고 넘어가자 하신다. 만 원을 내고 거슬러 받은 돈으로 다시 쌀값을 치르는데 어쩐지 소꿉놀이하는 기분이 들어 지폐 한 장, 동전 하나 주고받을 때마다 어르신과 눈을 맞추며 생글거렸다.

가장 흔하면서도 귀한 것이 곡식이었기에

누구든 "근데 가게가 진짜 오래됐나 봐요." 묻지 않을 수 없겠다. 하루 일과를 시작할 때 문짝을 통째로 빼내 한쪽 벽에 세워놓고 말 그대로 종일 문을 열어두는 출입구부터 시선을 사로잡는다. 지금이야 가게 앞으로 인도가 있지만 처음엔 도로에 바로 면해 있었을 가게의 정면은 차 한 대 서면 가려질 정도로 폭

〈오랜 쌀가게〉, 350x430mm, pen on paper, 2020

이 좁지만 가게 안은 점포에 딸린 방 뒤쪽 창고에 쌀을 200가마까지 보관할 수 있을 만큼 깊다. 이렇게 독특한 구조는 쌀가게의 역사와 맞물려 있다.

역전쌀상회 신용신 어르신은 1938년 천안 시내에서는 꽤 멀찍이 떨어진 면 소재지 동면에서 태어났다. 시골 마을에서 없는 거 빼고 다 있었다는 만물상 격의 가겟집 외아들이었다. 안타깝게도 세 살에 아버지를 여의게 되는데, 몇 해 지나 해방이 되자 어머니 이황희 여사는 결단을 내렸다. 천안 시내로 가자! 버스터미널에 내려 주변을 살펴보는데 이만한 데가 없겠다 한 곳이 현재의 역전쌀상회 자리다. 이전에는 일본 사람이 운영하던 여관이 있었다. 불이 나 거의 버려지다시피 한 곳에 예닐곱 가구가 자리를 잡았다. 그 가운데 아들 손을 꼭 잡은 이황희 여사가 있었다.

곧바로 볏짚으로 짠 가마니 몇 장을 깔아놓고 잡곡을 사고파는 난전을 시작했다. 어머니 생각에 가장 취급하기 쉬운 것이 곡식이었다. 특별한 기술 없이도 당장에 장사를 할 수 있었고, 무엇보다 가장 흔하면서도 귀한 것이 곡식인 시절이었다.

제법 장사가 되어 난전에서 함석집으로 살림살이가 조금은 나아졌지만 여전히 임시의 삶이었다. 폐허나 다름없었다지만 일제가 남긴 적산이었기 때문이다. 광복 이후 적산은 정부에 귀속되었는데 이황희 여사처럼 적산에 자리 잡은 이들에게 임대료를 받고 내주기도 했다. 한국전쟁이 끝나고 몇 해가 지났을까 이왕에 살고 있으니 사겠다는 사람에겐 적당한 값에 매각하겠다고 연락이 왔단다.

일본 여관 구조가 남아 있던 터에 두 식구가 자리 잡고 살던 모양새 그대로 2층 집을 올리면서 1층은 상점, 2층은 주거 공간으로 활용되어 일본식 목조 연립주택 '장옥'을 닮은 역전쌀상회가 나름대로 신축됐다. 한 지붕 아래 여러 가구가 줄지어 늘어선 일본식 목조 연립주택을 장옥이라 한다. 변변한 건축자재도 없어 철도부에 목재를 납품하던 곳에 가 못 쓴다 하는 것들을 하나씩 가져와 그렇게 온전히 내 집과 내 가게를 갖게 된 것이 1957년의 일이었다.

급전 필요할 땐 은행보다 쌀가게가 먼저였다

신용신 어르신이 본격적으로 쌀가게 일을 시작한 것은 1966년부터다. 연세대 생물학과에 입학했지만 홀어머니가 걱정되어 얼른 군대에 다녀오겠다고 해서 선택한 것이 교직이었다. 당시 교사가 되면 보충역으로 1년 복무가 가능했다고 한다. 1960년대는 학생 수에 비해 교원이 절대적으로 부족한 때였다. 교원양성제도의 혼란기로 사범학교, 교육대학 등 정규 기관이

설립되었지만 교원은 턱없이 부족했다. 그런 상황 속에서 해방 후 일시적으로 운영했던 임시 초등교원양성소가 부활하는 등 일정 기간 교육을 받으면 교사자격증을 받을 수 있는 기회들이 생겨났다. 그 시기에 교사자격증을 딴 신용신 어르신은 1년여 군 생활을 하고 제대 후 3년간 교직에 몸담았다. 복직하고 일정 기간을 채워야 제대증을 받을 수 있다 하여 도리가 없었다.

1960~70년대 쌀가게는 아침저녁으로 분주했다. 아침에는

아이들 기성회비나 학용품 값, 식구들 병원비며 약값 등 그때그때 필요한 돈을 마련하려고 집에서 거둔 잡곡을 내다 팔러 온 이들이 줄을 섰고, 저녁에는 타지에서 멸치 같은 것들을 대량으로 가져와 마을에서 곡식과 교환하곤 했던 장사꾼들이 앞다퉈 이를 현금으로 바꿔갔다. 곡류를 사러 오는 손님을 상대하는 일은 말할 것도 없고, 배달 일도 바빴다. 어머니 혼자서는 아무래도 버거운 일이었다. 아들이 좀 더 교직에 오래 있길 바라셨지만 쌀가게 일을 돕겠다고 했을 때 물리치지 않으신 까닭이다. 먹고사는 데에 쌀만 한 것이 없었던 호시절이었다.

한편 쌀가게 어르신은 소, 닭, 돼지 등 가축을 대량으로 사육하는 공장식 축산이 본격화되면서 손님이 조금씩 줄기 시작했다고 회상했다. 사람들이 옛날만큼 밥을 안 먹는다고, 확실히 덜 먹는다고, 먹는 게 달라졌다고. 여전히 일부러 들르는 단골들이 있지만 요즘은 "텔레비전이 보약이쥬." 하며 리모컨을 만지작거리는 것이 가장 잦은 노동이다. 남부럽지 않게 키운 다섯 남매가 아버지의 건강을 걱정하지만 이 가게는 당신 어머니께서 아흔일곱에 돌아가실 때까지 지낸 곳이다. "나도 어머니처럼 아흔일곱까진 있어야지유. 안 그려유?" 하는 어르신 얼굴에 알 듯 말 듯한 미소가 어린다.

얼마 전에 시에서 연락이 왔는데 천안역 일대의 원도심이

2019년 12월 정부에서 발표한 도시재생뉴딜사업과 관련하여 혁신지구로 지정되었단다. 계획에 따르면 2023년까지 일부 상가와 주택을 순차적으로 철거할 예정이라는데 여기에 역전쌀상회도 포함되어 있다. 어르신은 그렇게 정리가 될 수도 있겠다고 하셨다. 서운하지 않겠냐고 묻는 말에 "시대에 맞게 잘 살았지유."라며 누구에게라도 물려줄 만하면 물려주겠지만 세상이 바뀌는 대로 흘러가는 것도 괜찮다고 했다.

요즘 역전쌀상회에서는 필요한 품목을 천안미곡종합처리장과 교원미곡처리장에서 받는다. 어르신께 천안쌀이 좋으냐 물으니 쌀은 경기미가 최고라 하셔서 한 번 웃고, 그럼 충남에서는 천안쌀이 최고냐 했더니 예산쌀이 더 맛나다 하셔서 또 웃는다. 그럼에도 역전쌀상회에서는 예나 지금이나 천안 일대에서 재배한 곡류를 판다. 좋다, 최고다 하는 것들보다 이웃의 손을 거친 것을 믿고 먹는다. '맞아, 그렇게 서로의 살림을 불려주는 것이 두루 잘 사는 길이지.' 집으로 돌아와 쌀밥을 지어 먹으며 '잘 산다는 것'의 의미까지 꼭꼭 곱씹게 됐다.

1973

SINCE 1973

WHERE 서울 용산구 녹사평대로 208

22 내다 버린 책 한 권이 누군가에겐 보석이 된다

포린북스토어

요즘 사람들은 잘 모를 거라고 했다. 알려고도 하지 않을 거라고. 그때는 비참한 줄도 몰랐다. 그가 20대 청년이었던 1960년대에는 미군부대에서 나오는 것은 뭐든 돈이 됐다. 폐기름까지 받아다 썼다. 고기를 많이 튀겨 시커멀수록 비싸게 팔렸다. 김치찌개를 만들 때 그 기름을 한 숟가락 풀면 고기 향을 머금은 기름이 둥둥 떠다녔다. 실제 건강에 어떤 영향을 미쳤을지는 몰라도 뱃속을 훨씬 든든하게 해주는 것 같고, 맛도 더 낫다고 확신케 했다.

"그때 나한테는 책이 눈에 들어온 거지. 다 달라, 사람이." 녹사평대로를 사이에 두고 주한미군 용산기지와 마주 보고 있는 외국 책 중고 서점 포린북스토어의 주인어른 최기웅의 목소리다.

미군부대에서 나오는 건 뭐든 재활용하던 시절에

1966년 군복무 중이었던 기웅은 베트남 파병을 앞두고 폐결핵 판정을 받아 의병 제대를 하게 됐다. 갑작스레 사회로 나오게 된 기웅의 형편은 녹록하지 않았다. 서둘러 일거리를 찾아야 했다. 그때 눈에 띈 것이 미군부대에서 나온 물자들이었다.

"모든 것에는, 어디에든 질서가 있는 법이야. 미군부대 안에 청소 용역 회사가 있는데 그때는 상이군인협회에서 관리를 했어. 미군부대에서는 쓰레기라고 버렸지만 그 사람들이 먹다 남긴 짬밥도 꿀꿀이죽이라고 해서 사 먹을 때였으니까 우리 눈에는 아무것도 버릴 것이 없었지."

고물상으로 흘러들어온 미군 물자들은 모두 돈이 됐다. 기웅은 그 많은 물자들 가운데 '칼라 책' 특히 「라이프LIFE」「루크LOOK」 같은 잡지에 매료됐다. 그림이 좋다 싶은 페이지를 뜯어내 그 위에다 시를 썼다. 끝이 뭉뚝한 펜에 포스터컬러를 찍어 푸시킨의 〈삶〉, 구르몽의 〈낙엽〉과 같은 시를 써 일종의 시화로 제작한 것이다. 학창 시절 그림 그리기를 좋아했던 기웅의 눈에는 잡

〈이태원의 터줏대감〉, 320x350mm, pen on paper, 2021

지 한 장 한 장이 너무도 훌륭한 도판이었다. 완성한 시화 앞에는 유리판을, 뒤에는 두꺼운 종이를 대고 가장자리에 까만 테이프를 둘렀다. 액자처럼 걸 수 있도록 뒤에 구멍을 내고 끈도 달았다. 오래 걸어둘 만한 것은 아니었지만 명동 같은 번화가에선 한 점당 짜장면 두세 그릇 값을 너끈히 받았다. 이후 홍대에서 미술을 공부했다는 한 양반이 찾아와 자신이 시화를 한번 해보겠다고 했다. 잡지에서 좋은 그림을 찾는 것도 일이었다. 화가 부부에게 잡지를 대주기로 하고 기웅은 더 부지런히 책을 찾아다녔다.

가게마다 종이를 접어 봉지로 사용하던 시절이다. 군고구마, 풀빵 같은 주전부리는 물론이고 쌀도 한 말, 한 가마씩 사 먹을 형편이 안 돼 봉지쌀을 사 먹는 집이 많았다. 기웅은 책이 참 아깝다는 생각이 들었다. 미군부대 인근의 고물상, 쓰레기장을 돌아다니며 책을 수거하는 한편 종이 장사들에게 뜯겨 나가지 않은 책을 사 왔다. 그렇게 수집한 책은 명동 달러 골목에 서너 군데 있었던 책방에다 댔다. '나까마'라고 했던 중간상인 일을 한 셈이다.

책 보따리를 바닥에 펼치고 손수레에 싣고

화신백화점 옆 골목에서 노점도 했다. 자리는 그 건너편 종로서적 쪽이 더 좋았지만 끼어들 틈이 없었다. 바닥에 펼쳐놓고 팔다가 '딸딸이'도 끌었다. 드럼통 뚜껑을 떼어내 바퀴를 만들고 그 위에 넓적한 판을 올려 손수레 흉내를 낸 거다.

"그걸 마차마냥 밀고 다녔으니 얼마나 시끄러웠겠어. 딸딸딸 소리가 나서 딸딸이야. 그래도 그거 밀고 다니면서 하루에 200~300권씩 팔았어. 영어 공부하려는 학생들, 특히 이화여대 영문과 학생들이 나한테 많이 왔지."

비극적인 사랑 이야기를 담은 에릭 시걸의 『러브 스토리』는 1970년 영화로 제작되어 세계적으로 흥행한 작품이다. 국내에선 1년 후인 1971년 겨울에 개봉했는데 영화가 들어오기 전 이화여대 학생들이 기웅에게 와 책을 좀 구해다 달라고 부탁했다. 영문과 어느 교수가 그 내용으로 강의를 했다는데 학생들이 폭 빠진 거다. 책도 두껍지 않고, 문장도 쉽고, 내용도 여대생들의 맘을 설레게 했으니 말이다. 기웅은 어렵사리 원작 소설을 구해 책을 복사했다. 저작권에 대한 인식이 없다시피 한 때였기에 가능했다. 일반 서점, 학교 구내 서점에서도 복사판을 팔았으니 말 다했다. 학교 서점 중에서는 서울대학교 구내 서점에서 제일 많이 팔렸다. 다른 대학에서 판 책을 다 합친 것보다 많았다. 신문 가판에서도 엄청나게 팔렸다. 명동 입구 미도파백화점 건너편에 택시 타는 자리가 있었는데 그 앞 신문 가판이 가장 인기였다. 읽지도 못할 걸 술기운을 빌려 멋으로 산 사람들이 꽤 된다. 1970년에 짜장면 한 그릇이 100원이었는데, 『러브 스토리』 복사판을 700원에 팔았다.

또 하나 인기가 있었던 것은 미국 백화점 카탈로그다. 「시어스Sears」, 「몽고메리 워드Montgomery Ward」, 「스피걸Spiegel」, 「제이시페니JC Penny」, 「알덴스Aldens」. 기웅은 이 다섯 브랜드를 속사포처럼 이야기했다. 카탈로그는 품목별로 분류해 따로 제본했다. 제본이라 해봐야 스테이플러로 집은 게 다였지만 얼마나 인기가 좋았는지 모른다. 각각의 카탈로그는 제자리를 찾듯 가구는 낙원동 가구 거리, 양복은 소공동 양복점 거리, 전자제품은 세운상가로 흘러들었다. 미군부대 피엑스PX에서 나온 카탈로그도 인기가 좋았다. 일본에서 만들어 일본 전자제품이 주를 이뤘다. 국내 산업 현장에서는 이 카탈로그들을 참고해 모방제품을 만들었다. 처음에는 비교적 모방이 쉬운 디자인을 흉내 냈고, 갈수록 기술력을 필요로 하는 제품들로 확대됐다. 개발도상국이었던 당시 우리 사회의 한 단면이었다.

유머와 조크, 해학을 모르고 무슨 재미

기웅이 책방의 꼴을 갖춘 것은 1970년대 초반이다. 양품점 아가씨 김영자와 결혼하고 이태원 인근 보광동 산꼭대기에 신혼집을, 이태원초등학교 앞쪽에 가게를 구했다. 책장을 만들고 책을 정리하려는데 가게 자리로 도로가 확장된다고 해서 얼마나 덜컥했는지 모른다. 세를 돌려받고 다시 구한 가게는 현재 책방 바로 옆, 지금은 자동차 매장이 들어선 자리다. 가게라 해봐야 반 평 남짓, 장사를 한다기보다는 수집한 책을 보관하는 용도로 썼다. 집 귀퉁이나 가게에 쌓아놓은 책을 사 가는 사람들이 있었지만 그때까지만 해도 책은 시내에 나가서 팔았다. 청계천 변에 있었던 삼일아파트 쪽에 가게를 얻어 1년쯤 있기도 했다. 그때 덤핑 책 복제 사업을 시작했는데 1차 유류파동이라는 변수에다가 주인이 갑자기 가게를 비워달라는 바람에 일이 꼬였다. '온전히 내 집, 내 가게가 있어야 하는구나' 절감하는 순간이었다. 당시 어려움을 극복하게 한 것은 미군 자녀들이 다니는 아메리칸 스쿨에서 나온 초등학교 교재였다.

"학기가 바뀔 때마다 아메리칸 스쿨에서 책이 많이 나왔어. 그걸 종로서적에 팔아서 재미를 봤지. 그때는 외국 손님들은 많지 않았고, 학생들이 영어를 배우려고 영어책을 많이 봤거든. 그 덕분에 지금 이 책방 자리에 있었던 판잣집을 샀어. 그게 1975년쯤이야."

모아둔 돈에다 아이들 교육보험 든 것을 담보로 빚을 냈다. 판잣집을 이층집으로 다시 짓기 시작한 것은 1970년대 후반에 이르러서다. 2층 전면에 벽돌로 가장자리를 마감한 두 개의 아치 창문이 매우 인상적인데, 외국 책들을 넘겨보며 생긴 안목이

십분 발휘됐다. 책방 이름은 '외국 서점'이라고 했다. 정식 간판도 아니고 기웅이 직접 글씨를 써서 붙이는 정도였다. 명함과 서점이 소개된 자료에는 'Since 1973'이라고 적혀 있는데 용산경찰서에서 고물상 허가받은 날을 기준으로 했다. 당시 서적류를 취급하려면 고물상 허가를 받아야 했다. 외국 서점을 그대로 영어로 옮긴 '포린북스토어'로 이름을 바꾼 것은 20년쯤 되었나 보다.

옛이야기를 하던 중에 기웅이 낡은 책 한 권을 꺼냈다. 표지에 '세계적인 유명한 만화예술인들이 유우머와 조크와 해학으로 우리들의 닫힌 마음을 노크한다'라는 문구를 큼직하게 배치한 「세계코믹컬렉션 1집」이다. 기웅은 영어 만화 잡지 발행을 꿈꿨다. 1984년 그 첫 호를 만들었다. 그런데 문화공보부의 심의 과정에서 상당 부분이 잘려나가 5분의 1 정도만이 남게 됐다. 『러브 스토리』를 팔았던 경험을 살려 고속터미널, 서울역 한진빌딩, 동대문종합상가 등 도심 교통 요지에 자리 잡고 있던 신문 가판에서 팔 계획이었다. 그런데 직접적으로 표현하면 '야한 것'들, 순화시키면 '호기심을 자극하는 것'들을 모두 빼버리니 재미가 있나. 심의를 받고 1985년 1월에 발행을 하긴 했는데 돈만 날리고 남 좋은 일만 했다. 이후 신문사들이 일본 만화를 실은 잡지들을 발행해 '히트'를 쳤단다. "내가 길을 터준 거야."라고 하는데 당신 나름대로 사람들을 즐겁게 해주고 싶어 시작한 일이라 아쉬움이 그득한 눈치다. 영어 만화 잡지는 1호 발행으로 끝, 그 후로는 오직 책방 운영에만 힘썼다.

이곳에 와야만 찾을 수 있는 책이 있다

확실히 뜨내기손님보다는 단골이 많다. 책을 기부하기도 하고, 뭐 하나라도 팔아주려고 하는 손님들이다. 그중에는 이름만 대면 알 만한 유명 인사들도 많다. 무엇이 그들을 이 오래된 헌책방으로 발걸음하게 하는 걸까? 가격 차이도 있겠지만 그보다는 다양성 때문이다. 대형 서점보다 이곳 책방에 있는 책 가짓수가 몇 배는 다양할 거라고 했다.

"너도 나도 살 수 있는 것들은 큰 서점에 가면 있지. 그런데 그들이 찾는 책은 여기에 있는 거야. 여기에 와야만 살 수 있는 책들이 있어. 저건 언젠가 임자가 나올 텐데 싶은 책들이 있거든. 그런데 어느 날 누가 와서 그걸 찾아. 얼마나 반가워하는 줄 몰라. 보석을 찾은 것 같이. 그런 거 보면 나도 참 좋아. 그렇게 한 10년 만에 팔리는 책들이 있다고. 그 재미지."

포린북스토어는 2015년 서울 미래유산으로 선정됐다. 어떤 사람이 몇 번이고 와서 책방 안팎을 유심히 살펴보기에 '뭐 어디에다 우리 책방이랑 똑같은 걸 내려고 저러나….' 싶어 예의 주시했는데 알고 보니 서울 미래유산 사업 담당자였다. 미래 세대를 위해 보존할 가치가 있는 근현대 유산을 찾는 일이었으니 책방을 둘러보는 태가 보통의 손님들과는 다를 수밖에. 그러곤 몇 해가 지난 어느 날 범상치 않은 사람들이 한 번 더 찾아왔더랬다. 2018년 서울 오래가게에 선정된 거다. 흔히 전통 있는 가게를 노포老鋪라 부른다. 그런데 이 노포는 일본식 한자어 표기다. 서울시에서는 '오래된 가게가 더욱 오래가기를 바란다'는 뜻으로 노포 대신 오래가게라는 새로운 이름을 붙여 30년 넘게 또는 2대 이상 대를 이어 운영하거나 무형문화재 등 명인과 장인이 기술과 가치를 이어가고 있는 매력적인 가게를 발굴하고 있다. 기웅은 서울 미래유산, 오래가게로 연거푸 지정되면서 책방과

책방 운영에 더 큰 자부심이 생겼다고 했다. 고물상 허가를 받아 시작한 책방이 문화유산으로 인정받게 될 날이 올 줄 누가 알았겠나. 딸이 셋인데 둘은 외국에 있고, 한국에 있는 큰딸에게 물려주고 싶어 요즘 살살 꾀는 중이다.

기웅은 스스로를 영어도 모르면서 영어로 된 책으로 먹고 사는 사람이라고 했지만 때마침 외국인 손님이 들어오자 인사는 물론 그가 찾는 책을 단번에 알아듣고 서가로 안내했다. 시쳇말로 그는 '프로'다. 청소년들이 읽으면 좋을 책, 꾸준히 잘 나가는 명작을 줄줄이 펼쳐놓는 몸놀림에는 조금의 망설임도 없다. 꺼내준 책들을 요리조리 살피는데 책마다 가격표 스티커가 붙어 있다. 10만 권도 넘는 책에다가 일일이 가격을 매겨놓기가 쉽지 않았을 것 같다고 하자 그게 뭐 힘든 일이냐며 되묻는다.

"자기 직업을 소중하게 생각해야 해. 물건 하나하나 자기 자식같이 다뤄야 하고." 그가 한 권 한 권을 얼마나 소중히 여기고 매만졌는지 알 수 있는 순간이었다. 자신의 일을 귀히 여기고 정성을 다하는 이를 보고 있노라면 닮아야겠다는 생각이 절로 들면서 나를 되돌아보게 된다. 나는 얼마나 내 일을 소중하게 여기고 사력을 다하고 있는가. 책도 책이지만 스스로를 의심하며 마음이 안달복달하는 날 아마도 이 책방 문을 다시 열게 될 것 같은 기분이 들었다.

SINCE 1958

WHERE 충북 괴산군 칠성면 칠성로2길 22

23 아픔을 달래고 시름을 보듬는 시골 마을 주치의

청인약방

조금 멀찍이 떨어져 한참을 물끄러미 바라봤다. 사방으로 가지를 뻗어 풍성하게 자라난 느티나무와 모르는 사람이 보면 옛 약방을 본떠 세트장으로 단장해놓은 것 아니냐 할지도 모를 오래된 약방, 그 곁으로 선사시대 고인돌이 널린 풍경을 또 어디에서 볼 수 있을까? 무엇보다 200년 묵은 느티나무가 제 한쪽 팔을 뻗어 약방을 폭 감싸 안고 있는 듯한 모양새가 참 다정해 보였다.

평상에 가방을 벗어놓고 약방을 마주 본다. 손맛 묻어나는 간판을 보다 소리 없이 웃는다. 파란색 양철지붕 처마에 올린 것, 가게 유리창에 붙인 것, 가게 앞 전봇대에 매단 것에 '약' 자가 제각각이다. 한 사람이 쓴 것 같지만 미묘하게 글씨 크기며 획의 굵기와 각도가 다르다. 유리창에 붙인 시트지도 사람 손으로 그려 오려냈던 시절의 흔적이다. 전봇대에 매단 것은 처음에 쓴 것이 마음에 들지 않았는지 페인트를 덧바르고 다시 쓴 흔적이 고스란하다. '보면 볼수록 재밌네' 조바심이 나 불쑥 들어가게 되는 가게가 있는가 하면 뜸 들이며 가만히 그 시간을 헤아려보게 되는 가게도 있는데, 청인약방은 단연코 후자였다.

청인약방의 역사가 곧 약방의 역사

한때 약종상 면허 제도가 있었다. 1953년 한국전쟁 직후 정부가 의료 소외 지역을 중심으로 일정 자격을 갖춘 이에게 약을 판매할 수 있도록 허락한 제도다. 병원은커녕 약국도 귀했다. 당시 약학대학이 설립된 곳은 서울대와 이화여대 두 곳뿐이었다. 약사법에 따라 약사가 아니면 약을 조제할 수 없고 약사는 턱없이 부족했으니 특단의 조치가 필요했다. 약종상은 약방을 운영하지만 약을 조제할 수는 없었고, 전문의약품이 아닌 일반의약품에 한해 약을 처방할 수 있었다.

약방 이전에 약점과 약포가 있었다. 신종철 어른은 1958년

'청인약점'을 열어 약업을 시작했다.

"약점보다는 약포가 한 단계 위고, 조금 더 의약품에 조예가 있는 사람한테 약방 허가를 내줬지만 큰 차이는 없어. 원래 약종상은 군별로 하나씩 허가가 나다가 양약을 찾는 사람이 많아지면서 읍면 단위로 확대된 겨. 그러면서 한 면에 약점도 있고, 약포도 있고, 약방도 있게 됐단 말이여. 많은 데는 네댓 군데씩 있었어. 우리 국민 7할이 농민이었던 때여."

많아지니까 탈이 생기더라. 잘못된 처방으로 목숨을 잃거나 위태해지는 일들이 발생하면서 일반의약품을 팔더라도 어느 정도 전문 지식을 갖춰야 한다는 필요성이 제기되었고, 시험을 쳐 합격하는 사람에 한해 약업사 허가를 주어 약방을 운영하게 했다. 신종철 어른도 처음엔 약종상에 허가증을 받아 약포를 운영하다가 1968년 정식으로 시험을 치고 합격해 약업사 허가증을 받았다.

의사도 아니요, 약사도 아닌 사람이 사람을 살렸다

사실은 의사가 되고 싶었다. 해방이 되고 1946년에 괴산중학교가 설립됐는데, 그해 국민학교 6학년이었던 소년 신종철은 이듬해 전체 2등으로 중학교 시험에 붙었다. 입학금은 5천 원. 할머니께서 읍내 양조장에서 돈을 빌려왔지만 그 즈음 할아버

〈시간이 멈춘 동네 약방〉, 400x450mm, pen on paper, 2021

지께서 돌아가시면서 입학금으로 장례를 치르게 됐다. 입학금을 못 내 중학교에 진학할 수 없었던 소년은 마을 어느 댁 아들이 서울 용산에서 치과를 한다는 이야기를 듣고 곧장 짐을 쌌다. 병원 일을 도우며 야간 중학에라도 다녀 공부를 해야겠다고 마음먹었다. 서울 용산 삼각지에 있는 김치과였다. 낮에는 청소를 하고 심부름도 하면서 병원 일을 돕고, 저녁에는 마포에 있는 숭문중학에서 공부했다. 그러는 동안 자연스럽게 의사의 꿈을 키워나갔다. 의대를 나오지 않아도 시험에 합격하면 의사 자격증을 딸 수 있던 때였다.

노력만으로 이룰 수 없는 일이 있다. 숭문중학 4학년 때 전쟁이 나면서 고향으로 몸을 피했는데, 의사 제도가 곧 바뀌어 의대를 나와야만 의사 국가고시를 칠 수 있는 자격이 주어졌다. 상심했지만 마침 삼각지에 있던 김치과가 청주로 자리를 옮겼다고 해 다시 그 집에 가 일하며 의대에 갈 돈을 모았다. 그런데 조금이라도 돈을 불려볼 요량으로 원장 부인이 하던 계에 돈을 맡겨두었다가 그이가 사기를 당하는 바람에 돈을 모두 날리고 말았다. 이후 인천 신포동 안영치과에서 2년여 일을 했는데 동생이 군대에 가면서 다시 괴산으로 내려왔다. 부모님을 모실 사람이 마땅치 않았고, 의사의 꿈을 키우는 것도 조금씩 버거워졌다.

농사를 짓고 살아야겠다고 마음을 다잡던 때에 한 사람이 떠올랐다. 당시 충북약종상을 이끌던 박인선 회장이었다. 청주 본동치과에서 일할 때의 인연이다. 성실하고 영리했던 청년 신종철을 좋게 봤던 그가 벌써 몇 번이고 '약종상 허가를 내줄 테니 약방을 해보라' 운을 떼었다. 의대에 갈 거라고, 의사가 될 거라고 귀담아듣지 않던 이야기였다. 다시 만난 약종상 박인선 회장은 이미 허가증을 만들어놓았다며 허가증과 함께 약도 내주었다. 약값은 벌어서 갚으라 했다. 그렇게 청년 신종철은 약점문을 열고 청인이라 이름 지었다. '청주에서 만난 분이 내가 인천 있을 때 허가증을 내줘서 이 약방을 차리게 되었다'고 해서 청인이다. 은혜를 잊지 않으려는 마음이었다.

먹고사는 것이 힘들고, 먹는 것 자체도 시원찮았으니 배탈로 고생하는 이가 제일 많았다. 위생 상태가 좋지 않은 탓에 종기도 숱했다. 아이 젖 물리는 여인네들은 유방염으로 고생했다. 약방에 온 이들에게 증상을 묻고 처방을 하는 것은 물론이고, 누가 아프다 하면 언제라도 자전거에 올라 왕진을 가야 했다. 어디가 어떻게 아픈지 모르는데 환자를 보지도 않고 함부로 약을 쓸 수는 없었다. 시골 마을에서 약방은 병원이고 약국이었다. 곪아 있으면 살을 째서 고름을 짠 후 꿰매주기도 하고, 필요하면 주사를 놓기도 했다. 법으로 따지면 해선 안 될 일이었지만 불법이 아닌 미덕으로 용인됐다. 의사도 약사도 아닌 사람이 사람을 살

리는 일이었다.

그렇게 사람을 살리고도 약값은 외상 장부에 달기 일쑤였다. "약값은 일 년에 두 번밖에 못 받는다고 봐야 혀. 보리타작할 때 한 번, 벼타작할 때 한 번. 반은 못 받았어." 없어서 못 주는 심정은 오죽할까, 못 받은 약값을 쌓아두면 뭐 하나 싶어 80년대 어느 날에는 장부를 모두 태우기도 했다.

뿌리 없는 나무는 없다, 느티나무 아래에서 배운 것

약방 자리는 양반네 별당채였다. 자리는 좋았지만 이 집을 살 만큼 큰돈은 없었다. 그때 지역 유지들이 나서 청년 신종철에게 가게를 마련해줬다. 그중에 자유당 책임자가 있었는데, 후에 총무 일을 맡겨왔다. 거절할 수가 없었다. 약방 어른은 본의 아니게 지역의 심부름꾼이 되어야 했다. 재건국민운동촉진회 회장도 하고, 유신정권 때는 연거푸 세 번이나 통일주체국민회의 대의원을 지냈다. 살벌했던 시대였고, 그에겐 선택권이 없었다.

원했든 안 했든 대의원에 당선된 것은 이웃들 덕이었다. 그러니 누군가 찾아와 도움을 요청하면 그 역시 거절하지 못했다. 못 받은 약값은 차치하고, 써보지도 못한 돈이 빚으로 쌓였다. 먹고사는 게 가장 급했고, 영농비, 아이들 교육비, 그리고 집안의 관혼상제까지 돈 들어갈 일은 많은데 돈은 없으니 급전을 빌려야 하는 이웃들이 약방 어른을 보증인으로 앞세웠다. 그네들이 못 갚아 약방 어른에게 돌아온 몫이 어마어마했다. 그 빚을 갚는 데 20년이 넘게 걸렸다.

그럼에도 고마운 일이 더 많다고 했다. "결과에 대한 보답은 있기 마련이오. 인과응보란 말이여." 지역 심부름꾼으로 사느라 자식들 뒷바라지엔 보탬이 못 되었는데 자식 셋이 하나같이 공부를 잘해 제 앞가림을 했다. 또 나중에 알게 된 것인데 양반네 별당채로만 알고 있었던 지금의 약방 자리가 실은 내무부에 근무하다 명성황후 시해 사건 이후 관직에서 물러난 신종철 어른의 할아버지께서 괴산으로 내려와 처음 정착했던 곳이었다. 집안 어른이 놓친 것을 자신이 되찾은 셈이니 보람된 일이었다.

"내가 왜 여기서 살고 있느냐 생각하면, 지킴이여. 고인돌 지킴이, 느티나무 지킴이, 약방 지킴이, 고향 지킴이. 세상에 뿌리 없는 나무는 없단 말이지."

신종철 어른은 2020년 7월 청인약방을 괴산군에 기부했다. 약종상 제도는 1971년 폐지되었는데, 그전에 약업사 허가를 받은 이는 자격이 유지되고 계속해서 약방을 운영할 수 있었다.

"이제 약점은 없을 거여. 약포나 약방은 몇 군데 있지만 이 사람들 죽으면 이제 끝이여. 요즘 사람들은 잘 몰라. 약방도 우리 약업의 역사인디 말여…. 그게 안타까워서 다 기부했어."

청인약방은 2019년 6월 KBS 1TV 〈다큐 공감〉에 소개되면서 괴산의 명소가 됐다. 2년 동안 찍은 것이 한 시간 방송됐는데 방송이 나간 다음 날부터 1년간 이 오래된 약방이 궁금해 찾아온 이가 5천 명이나 된다. 5천 명인 줄 어떻게 아느냐? 밖에서 사진만 찍고 가는 사람들까지는 모르겠고, 약방에 들어와 인사도 하고 이야기를 나눈 사람들에게 약방 어른은 피로회복제를 한 병씩 건넸다. 그 빈 병이 5천 개다.

"전국에서 오는 사람들이 헌 집 보러 오는 건 아니여. 날 보러 온 거란 말이여. 그러니까 기부를 했어도 약방에 나간단 말이여. 집에 드러누워 있으면 뭐 혀. 나가서 사람들 만나고 이야기도 하는 게 낫지."

얼마나 많은 사람들이 이 집 나무 마루에 걸터앉았을까? 그 자리를 또 얼마나 바지런히 훔치며 안부를 물었을까? 먼지 앉을 자리 없이 반질반질한 약방 마루를 가만히 쓰다듬게 되는데, 청인약방 신종철 어른이 더 이상 출근하지 않는 날이 오면 이 약방은 박물관이 되어 해설사가 대신 자리를 지키게 될 거라고 했다. 뭐라 대꾸하면 좋을지 몰라 고개만 끄덕였다. 전쟁이 나던 날부터 쓴 일기가 70여 권이라는데 그게 지금 근현대사 자료로 어느 박물관에 가 있다고 했다. "저 다음에 오면 일기장 꼭 보여주세요." 그렇게 인사를 대신했다.

SINCE 1958

WHERE 경남 창원시 진해구 백구로 21-2

24

도장을 새기듯 마음에 새겨야 하는 것

황해당인판사

"들어오면서 무엇을 봤소? 우리 집 간판을 봤소?"

"아… 네, 간판… 봤죠. 황해당인판사!"

"그렇지. 우리 집이 황해당이오. 왜 황해당이겠소?"

자리에 앉아 숨 돌리기 무섭게 질문 세례를 받았다. '어르신, 제가 인터뷰어거든요!' 내가 묻고 어르신께 답을 얻어야 하는데 어째 처음부터 말린 느낌이다.

"그러니까요, 저도 너무 궁금해서 이제 막 여쭤보려고 했죠. 왜 황해당이에요?”

내게 얼굴을 바싹 붙이고 앉았던 황해당인판사 정기원 어른은 그제야 의자 깊숙이 등을 기댔다.

황해도 해주 사람이 하는 도장집이자 인쇄집

1950년 12월 24일 저녁이었다. 크리스마스이브는 무슨, 그런 게 있는 줄도 몰랐다. 열여섯 소년이 황해도 해주 제 고향을 떠나 피란길에 오른 날이다. 눈앞에서 사그라지는 생의 마지막 순간들을 수없이 마주하며 소년은 옹진반도 사곶을 거쳐 용호도, 순위도, 대청도로 떠내려갔다. 그리고 백령도에서 해병대 모집 소식을 접하고 군대에 지원하게 되는데, 1951년 6월 18일 아침 해병대 신병 제9기 지원자 자격으로 진해에 닿을 때엔 이곳에서 여생을 보내게 될 줄 미처 몰랐다. 해병학교에 차출되었다가 이후 다시 해군에 지원해 전쟁이 끝나고도 군 생활을 이어간 소년은 1958년 10월 15일 전역과 동시에 진해 원도심 중원로터리 인근에다 ‘황해당인방’을 차렸다.

광복 이듬해부터 장날이면 시장에 나가 인장 기술을 배웠다. 인장은 도장과 같은 말인데 대개 혼용하고 있다. 인장 일은 아버지께서 권하셨다. 당시 막도장 하나에 쌀 한 되를 받았으니 농사짓는 것보다 수입이 좋았다. “그땐 사회생활 하는 데 도장

황해당인판사
HWANG HAE DANG PRINTING CO.
도장
인쇄

〈시간이 덧대진 곳〉, 470x300mm, pen on paper, 2021

이 없으면 안 됐어요. 사인은 상상도 못 했지." 소년은 먹을 가는 법, 도장 재료를 손질하는 법, 인고를 만드는 법, 글씨를 배열하는 법, 칼을 가는 법 등 도장을 만드는 데에 필요한 일련의 기술을 기초부터 제대로 배웠다. "도장 만드는 데는 벽조목이 좋다고 하는데 사실 진짜 올바른 것이 잘 없어요. 내가 진짜 좋은 것으로는 딱 하나 파봤어요. 우리 면, 내 고향 대거면 면장님 도장. 그건 쌀 한 말을 받았다고. 그러고는 피란민증에 그 도장을 찍어서 여기까지 오게 됐어요."

해병대에 지원해 진해에 왔지만 신병교육을 받기까지 얼마간 대기 기간이 있었다. 그 어느 날에 까만 플라스틱 막대 같은 것이 보이기에 장난 삼아 통신대대 중대장 군번을 파준 것이 눈에 띄었다. 이후 군 서류에 필요한 직인도 만들고, 장병들에게 주문을 받아 막도장을 만들어주기도 했다. 오늘날 군번 도장의 시초인 셈이다. 좋은 솜씨는 금세 소문이 나기 마련. 해병학교에 차출되었을 때에는 신병 도장을 하룻저녁에 100개씩도 파곤 했다. 수고비를 받았으니 제법 부수입이 생겼다.

황해당인방은 지금의 황해당인판사 건물 모퉁이 자리에서 한 달에 300원짜리 세를 들어 시작한 도장집이다. "고향 사람이 이 앞을 지날 수도 있잖겠소. 혹시라도 고향 소식을 들을 수 있을까 싶어서 황해당이라고 이름을 지었어요." 수인식 오프셋 기계와 등사기를 들여 졸업장, 상장, 수입증지 같은 것을 찍어내기도 했다. 자리가 좋았다. 건너편에 진해시청과 교육청 등의 관공서가 있어 도장과 함께 인쇄 수요가 꽤 있었다.

도장, 인쇄, 고문서 번역까지… 오늘도 활자 밥을 먹는다

황해당인방에서 황해당인판사로 이름을 바꾼 것은 1962년, 제4차 화폐개혁이 실시되던 즈음이라고 했다. 진해화학 제4비료공장 건설을 맡은 미국 회사의 인쇄 일을 도맡으면서 활판 기계, 제판 기계를 갖춰 인장업과 더불어 본격적으로 인쇄업에 뛰어들었다. 그때 간판도 바꿨다.

1960년대 황해당인판사는 종업원 대여섯을 두고도 밤낮없이 일할 정도로 일이 많았다. 인쇄에 필요한 활자 작업은 대부분 정기원 어른의 손을 거쳤다. 특히 영문은 서체에 따라 활자를 새로 만들어야 하는 경우도 많았는데 수십 년 인장 원고를 쓰고, 글씨를 배열해온 그의 솜씨가 백분 발휘되는 일이었다. 이때가 황해당인판사의 전성기였다. 청년 정기원은 1966년에 현재의 2층짜리 건물을 매입해 모퉁이 점포에서 이리로 자리를 옮겼다.

1970년대 초부터는 상패, 메달 등 인쇄 기념품으로 품목을 넓혔다. 상패와 메달은 군부대에서 요청하는 일이 많았다. "진해 각 군 지휘관 중에 내 물건 안 써봤다 하면 거짓말일 거예요."

일본에 주둔하는 미 해군에서도 일이 들어왔다. 2년마다 교대식이 진행되는데, 그때 필요한 인쇄물과 기념품들을 황해당인판사에서 만들었다.

정기원 어른은 불황이다 할 때마다 공판, 활판, 사진 식자 등 새로운 기술을 흡수하고 품목을 다양화하면서 제힘으로 불황을 극복했다. 그럼에도 1990년대 중후반부터 도장은 기계로 조각했고, 인쇄는 컴퓨터 식자 시스템이 일반화되면서 분주하게 돌아가던 인판사에 고요가 찾아들었다.

"일이 없어서 그렇지, 문은 매일 열지요." 요즘도 매일 아침 5~6시면 가게를 뱅 돌아 비질하며 하루 일과를 시작한다. 일이 없다고 하지만 일부러 찾아오는 손님들이 있다. 스스로 찾아 하는 일도 있다. 그의 책상에 국가기록원에서 복사해온 자료들이 꽤 두툼했다. 고문서를 번역하려고 받아온 자료다. 옛사람들의 글을 해독하는 것이 소일인데, 쉽지가 않다고 했다. 한자를 잘 알다 못해 뒤집어서 쓰고 조각하는 데에도 막힘이 없는 장인인데 말이다. 자전이고 옥편이고 한자사전이라 할 수 있는 출판물 상당수가 일제강점기에 편찬되어 지금까지 이어져 온 것이 많은 탓이다. "힘이 들긴 해도 공부를 더 하고 싶어요. 누우면 죽고, 걸으면 산다고 했어요." 손님은 줄었지만 그는 오늘도 활자밥에 배가 부르다.

적산에서 시작한 인판사, 작은 박물관으로 단장하고파

황해당인판사는 일제강점기를 배경으로 한 드라마 세트장이 떠오를 만큼 시대의 흔적이 고스란하다. 1930년대에 완공된 것으로 추정되는 적산이고, 건축 구조나 형태로 보자면 장옥이다. 처음에는 미지마 아이라는 일본인이 이곳에서 여관을 운영했다. 청년 정기원이 처음 인방 문을 열었던 모퉁이 자리에는 문방구와 담배 가게가 있었다.

정기원 어른은 이 황해당인판사 자리에 작은 박물관을 만들고 싶다고 했다. 지자체에서도 근대건축물로서 가치를 인정해 도시재생사업을 추진하고 있다고 하는데 그가 박물관으로 단장하려는 이유는 비단 근대건축물이기 때문은 아니었다. 황해도 해주의 시골 마을에서 나고 자란 소년이 전쟁 틈에 부모와 헤어져 낯선 도시의 적산에서 도장을 파고 인쇄 일을 하며 한평생 고향에 갈 날만 기다리다 여든여덟 미수米壽의 노년을 보내게 됐다. 담담하게 술회했지만 언뜻언뜻 코끝이 시큰한 듯했다. 정기원 어른은 그 시골 소년을 모티브로 우리 근현대기의 이야기를 기록으로 남기고 싶다 했다. 인판사를 운영했기에 모을 수 있었던 사료들도 상당하다. 그것을 정리하는 것이 숙제라면 숙제. 몇 해 전에는 주인이 따로 있었던 모퉁이 가게도 매입했다. 소유주가 건물을 헐고 원룸을 짓겠다고 해서 시세보다 훨씬 비싼 값

을 줬다. 이 적산도 후대가 알아야 할 역사이기에 이왕이면 옛 모습 그대로 남기고 싶은 것이 정기원 어른의 마음이다.

그가 도장 하나를 꺼냈다. 낙관석에 새긴 꽤 묵직한 인장이다. 1997년 10월 운현궁 미술관에서 국제인장예술대전이 열렸을 때 출품한 것이라 했다. 돌에 새긴 글자는 선명했다. '세계평화'. 일생에 남을 작품으로 출품한 인장 글귀가 세계평화라니…. 식상한 구호 같은 이 넉 자를 이토록 무겁게 느껴본 적이 없다. 그것은 가슴에 새긴 소원이고, 세상에 알리고 싶은 전언이었다.

"전쟁의 참혹함은 이루 말할 수가 없어요. 법의 심판 없이 죽어간 사람들이 얼마나 많은지 몰라요. 차마 눈 뜨고 볼 수 없었어. 전쟁이 다신 없어야지. 그런 세상이 다시 와선 안 돼요. 그런데 우리만 평화로워서 될 게 아니야. 인류 공동의 평화여야 한다 이 말이오."

일제강점, 식민지, 전쟁, 분단, 겪어보지 못한 세대에게는 짐작조차 되지 않는 일. 코로나 시대를 관통하며 '6·25 때 난리는 난리도 아니다'라는 우스갯소리가 유행어처럼 회자되는 것이 떠올라 남몰래 뜨끔했다. 시대의 아픔을 가슴에 아로새긴 소년, 그가 일생 동안 지켜온 오래된 가게에서 오늘 우리가 진정으로 새겨야 할 것이 무엇인지 생각해보게 되었던 날. 성가시지 않다면 조만간 다시 얼굴도장을 찍고 진짜 도장 하나를 부탁드려야지 하고 마음먹었다.

작가의 말

끝이 아니기를

*

우리 동네에 있었으면 싶고, 기꺼이 단골이 되고 싶었던 가게들이 참 많았습니다.

그중에는 서울 후암동 골목의 삼광문구처럼 40여 년의 정다웠던 시간을 뒤로하고 우리 모두의 발이 묶이고 말았던 2020년에 마지막 인사를 건넨 가게도 있고, 일제 때부터 철물점 자리였던 곳에 주인이 바뀌고도 여전히 철물점으로 역사를 이어가고 있는 통영 강구안의 경남상회처럼 아직 문을 닫진 않았지만 아무래도 슬슬 정리를 해야 할 것 같단 소식을 전해주신 곳도 있었습니다.

1927년 개업 당시 일본인이 장악했던 목포 앞선창 일대에서 유일한 조선인 가게였다고 알려진 갑자옥모자점은 목포시에서 매입했고, 향후 가게의 역사는 물론 목포의 근대역사문화를 두루 살펴볼 수 있는 공간으로 단장이 될 거라 합니다.

부안 위도의 구멍가게 삼복슈퍼, 보은 속리산 자락의 안식

처 비로산장, 진해 중원로터리 언저리의 중국음식점 원해루, 포항 원도심 꿈틀로의 동아세탁소, 서울 혜화동의 새이용원…. 어디 이뿐일까요. 부디 더욱 오래오래 그 모습 그대로 그 자리에 있어 주었으면 하는 가게들이 많았습니다.

욕심인 것을 압니다. 그저 낭만적인 한 장면으로 그려내선 안 될 일이라는 것 또한 알고 있습니다.

동네 골목의 오래된 가게들은 때때로 파출소이고, 우체국이고, 은행이었습니다. 누군가에게는 대나무 숲이자 은신처이기도 했습니다. 어쩌다 들어오는 외지인에게는 그 무엇보다 정확한 이정표이고, 내비게이션이고, 검색창이었습니다.

생활에 필요한 것을 만들고 파는 사람들이 우리 곁의 이웃이었던 시절을 떠올려봅니다. 고백컨대 언젠가부터 낮이든 밤이든 동네 골목이 무서워졌고, 이웃을 경계하게 되었습니다. 많은 것들을 의심하며 지내온 날들입니다. 세상이 변했다고 탓했습니다. 그런데 오래된 가게를 드나드는 내내 생각했습니다. 내가 변해버린 건 아닐까, 아니라고 말할 수 있을까.

우리 동네에 있었으면 싶고 기꺼이 단골이 되고 싶었던 가게들을 뒤로하고, 지금 제가 살고 있는 동네 골목 어귀에 들어설 때면 조금씩 걸음이 느려졌습니다. 내가 살고 있는 동네에 어떤 가게들이 있나, 어떤 얼굴들이 어떤 표정을 하고 있나 살펴보게 되었습니다. 이 책이 그런 시간을 마주할 수 있게 하는 애틋한 기록이었으면 좋겠습니다.

오래된 가게의 '오래된'이 '낡은' 것으로 치환되기보다 오래도록 존재할 만큼 '값진' 것으로 읽히길 바랍니다. 저는 그 값진 것을 발견할 줄 아는 눈 밝은 사람으로 오래도록 기록을 이어가고 싶습니다. 이로써 '오래되다'라는 말뜻이 그 무엇보다 '미래지향적'이라는 것을 깨닫습니다.

서진영

작가의 말

노포의 얼굴

*

우리 건축에 관심이 있고 건축 관련 일을 해왔던 제게, 동네 곳곳에 있는 오래된 건물을 만나는 일은 참 즐거운 보물찾기와 같습니다. 골목을 누비다 인상적인 건물을 마주할 때면, 마치 그 건물과 오랜 시간을 함께 해온 사람의 표정을 보는 듯합니다. 우리 주변에 깃든 작은 역사의 한순간을 기억하고 기록한다는 마음으로 건물의 자화상을 그리는 일을 하고 있으며, '루시드로잉의 〈우리동네〉 시리즈'라는 타이틀로 소개해오고 있습니다.

동네마다 숨어 있는 인상적인 건물을 그리기 시작하면서 전국의 골목골목을 열심히 누비고 있습니다. 그러다 건물을 직접 마주하면 저만의 감상 시간을 가지곤 합니다. 낡은 공간에서 풍기는 분위기를 느끼고 시간만큼 바랜 빛도 느끼다 보면, 건물 안에 있는 사람들의 웃음소리, 말소리, 기계가 돌아가는 소리, 가게 주인이 일하며 듣는 라디오 소리 같은 것들이 제 마음에 닿습니다. 정의하기 어려운 특유의 냄새까지도 기억에 담습니다.

이렇게 감상하다 가끔은 가게 주인과 이런저런 사는 이야기를 주고받으며 유쾌하고도 짧은 만남을 마무리하곤 합니다. 그리고 제자리로 돌아와 이날 만났던 모든 것들을 기억하면서 종이 위에 펜으로 제 감상을 전하는 스케치를 시작합니다. 저만의 경험을 '그림'이라는 방법으로 표현하는 행복한 시간입니다.

『또 올게요, 오래가게』에 수록된 수많은 노포를 만난 건 정말 행운이었습니다. 그림의 대상을 만나러 가는 길은 늘 설렜습니다. 그동안 잘 몰랐던 오래된 가게를 만날 때면, 건물에 쌓인 세월의 피로가 보였고 오랫동안 내공을 다져온 공간으로서의 자부심도 보여서 흥미로웠습니다. 제가 그린 건물의 모습이 어쩌면 이곳을 기억해주는 마지막이 될지도 모른다는 생각이 드는 곳도 있어 애틋하고 아쉽기도 했습니다. 개인의 역사이면서 우리 삶의 역사이기도 한 노포를 그림으로 기록해 남기는 일은 의미가 있었고 그 덕분에 행복한 마음으로 그림을 그릴 수 있었습니다.

수많은 가게가 그들의 역사를 이어가듯, 저 역시 이 책에 수록된 가게들 외에도 다양한 에피소드가 담긴 노포와 앞으로 새롭게 자리 잡을 우리 동네 가게의 이야기를 오래도록 만나려 합니다.

루시드로잉

* **천황식당**

한복진, 『우리가 정말 알아야 할 우리 음식 백가지 1』, 현암사, 1998.

* **덩실분식**

주영하, 『백년식사』, 휴머니스트, 2020.

* **융태행제과점**

정은주, 「차이나타운 아닌 중국인 집거지」, 서울학연구 No.53 129~175, 2013.

* **등대경양식**

인천도시역사관, 인천도시역사관 학술조사 보고서 제1집 『오래된 가게, 인천 노포』 1권, 2017.

김지룡·갈릴레오SNC, 『사물의 민낯』, 애플북스, 2012.

* **쌍송국수**

손정수·황동이, 『한 그릇에 담긴 이야기, 국수와 밀면』, 국립민속박물관, 2019.

* **양촌양조장**

김승유·변윤희·박록담, 『우리 술 문화의 발효 공간 양조장』, 국립민속박물관, 2019.

김승유·변윤희, 『양조장의 시간 공간 사람』, 국립민속박물관, 2019.

* **대구지물상사**

대구 중구 골목투어 '근대로의 여행' (https://www.jung.daegu.kr/)

* **만수탕**

이가연, '온천장에서 목욕하고, 금강 공원에서 소풍하던 부산 사람들', 한국향토문화전자대전.

동길산, '동래 온천, 금정산 그림자에 들다-동래 온천번영회 윤한진 이사장의 온천 이야기', 한국향토문화전자대전.

변광석, '역설의 공간-부산 근현대의 장소성 탐구 〈7〉 동래별장과 온천', 국제신문 2013. 8. 14. 21면.

* **동양고무**

백욱인, 『번안 사회』, 휴머니스트, 2018.

유승훈, '부산 사람도 모르는 부산 생활사 〈16〉 고무신과 신발 산업의 메카, 부산', 국제신문 2014. 5. 1. 23면.

* **이디오피아집**

정명섭, 『한국인의 맛』, 추수밭, 2021.

박종인, '박종인의 땅의 歷史 - 호수에 봄이 내렸습니다', 조선일보 2016. 4. 6. A19면.

* **아벨서점**

부길만, 『한국 출판 역사』, 커뮤니케이션북스, 2013.

* **청인약방**

이지누, '약값으로 주고 간 이야기가 켜켜이 쌓여 있는 곳, 괴산군 칠성면 도정리 청인약방', 보보담 통권14호, 2014년 가을.

또 올게요, 오래가게

기꺼이 단골이 되고 싶은 다정하고 주름진 노포 이야기

1판 1쇄 인쇄 2021년 8월 23일
1판 1쇄 발행 2021년 9월 8일

글 서진영
그림 루시드로잉
펴낸이 김영곤
펴낸곳 ㈜북이십일 아르테

키즈융합부문 이사 신정숙
융합2본부장 이득재
지역콘텐츠팀 이현정 조문경 임정우 정민철
교정교열 안바라
디자인 위드텍스트 이지선
영업본부장 김창훈
영업팀 허소윤 윤송 이광호 정유진 김현아 진승빈
제작팀 이영민 권경민

출판등록 2000년 5월 6일 제406-2003-061호
주소 (10881) 경기도 파주시 회동길 201(문발동)
대표전화 031-955-2100 팩스 031-955-2177 이메일 book21@book21.co.kr

(주)북이십일 경계를 허무는 콘텐츠 리더

포스트 post.naver.com/travelstudy21
인스타그램 instagram.com/k_docent

ISBN 978-89-509-9672-7 03910

아르테는 (주)북이십일의 문학·교양 브랜드입니다.